成长的修炼

写给管理者的6个锦囊

童伯华◎著

中国铁道出版社有限公司
CHINA RAILWAY PUBLISHING HOUSE CO., LTD.

图书在版编目（CIP）数据

成长的修炼 ：写给管理者的 6 个锦囊 / 童伯华著.
北京 ：中国铁道出版社有限公司，2025. 10 （2025. 11
重印）. -- ISBN 978-7-113-32444-5

Ⅰ. C93-49

中国国家版本馆 CIP 数据核字第 2025D215U1 号

书　　名：成长的修炼：写给管理者的 6 个锦囊
CHENGZHANG DE XIULIAN: XIEGEI GUANLIZHE DE 6 GE JINNANG

作　　者：童伯华

责任编辑：巨　凤　　**编辑部电话：**（010）83545974
编辑助理：刘朱千吉
封面设计：宿　萌
责任校对：安海燕
责任印制：赵星辰

出版发行：中国铁道出版社有限公司（100054，北京市西城区右安门西街 8 号）
网　　址：https://www.tdpress.com
印　　刷：河北京平诚乾印刷有限公司
版　　次：2025 年 10 月第 1 版　2025 年 11 月第 2 次印刷
开　　本：710 mm × 1 000 mm 1/16　**印张：**14.25　**字数：**210 千
书　　号：ISBN 978-7-113-32444-5
定　　价：69.00 元

推荐序

伯华是我们厦门大学管理学院MBA教育中心2006级的学生，我还记得当年给他们班开了“证券投资学”的财务专业课程。在授课过程中，作为人力资源从业者的伯华，常常在课间提出一些投资管理的思考问题。我每次都会耐心解答，因此对他印象深刻。

最近这十年，伯华作为深耕人力资源领域的人力资源专家、MBA教育中心优秀校友，不仅担任厦门大学MBA教育中心的毕业论文校外评审及答辩老师，同时支持MBA教育中心如企业参访、成长会客厅嘉宾等许多工作，其专业热忱常受中心老师们的好评。

应伯华之邀，我为其“管理者锦囊系列”第三本书写序，特别荣幸；也为其在五年内完成管理者的管理团队、管理业务、管理自我三部曲而高兴。

其第一本书《高效员工管理：写给管理者的6个锦囊》于2021年出版，创九次加印佳绩，讲的是管理者如何带好团队，以及选、育、用、留的方法和工具运用；第二本书《结果思维赋能：写给管理者的6个锦囊》于2023年出版，也创四次加印成绩，讲的是管理者如何完成任务，以及把计划、组织、指挥、协调、控制等管理过程实战化、工具化地呈现。

这本新鲜出炉的《成长的修炼：写给管理者的6个锦囊》是其创作的第三本书，讲的是管理者自我成长的几个维度，内容包括百年管理史、公司运营、职场认知、管理者元技能提升，以及人文修养、精力管理等。

伯华的这套书不仅是其二十几年企业管理实践工作的归纳和总结，更是企业各级管理者日常工作的行动指南及案头书，对企业各级管理者具有很大的借鉴意义和实用价值，原因有三：

第一，这三本书分别对应企业每一位管理者成长的三个维度：带好团队、完成任务、自我成长。我们常说管理是一门科学，是因为它是有逻辑和线性结构的，这套书帮助管理者把管理拆解成一个又一个动作，而且每个管理动作都是有方法和工具的。这套书的难能之贵就是作者把自己的实践经验和丰富扎实的理论功底有机地结合起来，工具化、实战化，把看起来复杂的管理内容像讲故事一样娓娓道来，阅读体验感特别强。

第二，五年三本书的出版，我相信不只是因为伯华五年间的勤奋用功、笔耕不辍，更多是他这二十几年的积累和沉淀。经营个体，就如同经营企业，在明确定位后，更需要聚焦初心，坚守定力，耐得住寂寞、经得起诱惑。“深淘滩、低作堰”，十年如一日地坚持。就如同书中所说：“这个世界上最容易的事就是坚持，最难的事也是坚持。说它容易，是因为只要愿意做，人人都能做到。说它难，是因为需要极强大的定力和耐心，真正能做到的终究是少数人。”余深以为然。

第三，管理者不仅要带好团队、完成任务，更需要不断地自我修炼，不断扩大认知地图，方能站在更高维度领略不一样的风景。比如关于商业本质的思考，仁者见仁，智者见智，书中作者就提出自己的观点。他认为商业的本质总结成一句话就是：按规律办事，更快、更高、更强地解决用户问题，满足需求，创造价值。类似这样的思考，在书中比比皆是。就如同书中所讲：“管理者的认知高度，决定了看问题的深度，而看问题的深度，又决定他解决问题的能力。认知的高度决定行动的高度，问题有多大，其实取决于一个人的世界有多大，茶杯里的风暴在浴缸中不值一提。”

明代大儒王阳明先生曾说：“知是行之始，行是知之成。”伯华的这套来自实践兼具高度和深度的管理者锦囊系列图书，不仅有“知”，内容涵盖其在厦大MBA教育中心学习过程的各种理论知识；更有“行”，在平日繁忙的企业管理实践工作中提炼和总结，不断思考和深化，从而得出自己的管理“真经”，并付梓成册，从而帮助企业里更多有需要的管理者。

我为伯华曾是厦门大学管理学院 MBA 教育中心的学生感到骄傲，也鼓励更多的 MBA 学子们向这位优秀的学长学习！

厦门大学管理学院 MBA 教育中心主任，博士生导师，屈文洲

2025 年 7 月

自 序

管理者的认知高度决定行动的高度。本书是笔者“管理者锦囊系列”中的第三本书，第一本《高效员工管理：写给管理者的 6 个锦囊》讲的是管理者如何带好团队，如何把选、育、用、留的方法及工具有效运用；第二本《结果思维赋能：写给管理者的 6 个锦囊》讲的是管理者如何交付结果的八个管理标准动作及工具运用，包括分解、计划、派活、跟踪检查、辅导、解决问题、改善创新、利益分配。这本《成长的修炼：写给管理者的 6 个锦囊》讲的是管理者的自我成长。

在二十几年企业人力资源管理职业生涯里，笔者一直认为帮助企业打造一支可以承载公司战略、稳定、有战斗力的业务团队是 HR 价值最重要的体现之一。在这个过程中，各级团队管理者的能力非常关键，因为“当公司战略确认后，干部就是决定因素”，干部强则公司强！而干部们的成长则主要集中在三个维度：如何带领团队，如何交付结果，如何自我成长。

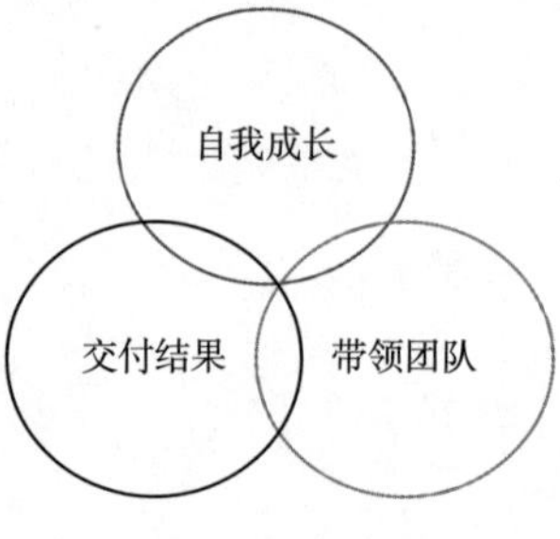

管理者的认知高度，决定了看问题的深度，而看问题的深度，又决定了解决问题的能力，认知的高度决定行动的高度。

今天，人与人之间最大的差别，就是认知的差别。财富是对认知的补偿，而不是对勤奋的奖赏。有时问题的答案，往往在更高的维度和格局中。

不断提升自我认知高度，就是管理者自我成长中一个重要的维度。

自我成长还包括汲取先贤们的管理智慧（第一章百年管理史）、深谙公司运营的方方面面（第二章公司运营MBA）、深挖自己的“生存缝隙”避免中年危机（第三章职场ABC）、掌握职场各项元技能（第四章管理者元技能）、懂点哲学及历史地理知识（第五章管理者人文修养）、明确自己的使命宣言及幸福的最佳组合（第六章管理者精力管理）。

当明确自己的“生存缝隙”后，管理者需要不断聚焦和击穿，努力做到“一米宽万米深”，方是管理者在职场中立于不败之地的有效方法。

这个过程中除了与自己使命宣言相关的事情外，任何消耗你的人和事，尽量做到不看。而要聚焦和击穿，就要做到不断精进，厚积而薄发，努力实现从量变到质变，让自己成为领域中真正的高手，除此，别无捷径。

《明朝那些事儿》最后一章，崇祯皇帝自尽后，都以为作者会接着描写南明的故事，或者是清军入关后的物是人非，可是作者没有。书中写了徐霞客，当同朝的其他人正在争权夺利时（哪怕是残存的南明政权里也一样），徐霞客却坐在黄山顶，听了一整天的大雪融化声。作者在全书（共9册）最后一页写道：“所谓千秋霸业、万古流芳，以及一切的一切，只是粪土。”与一件事情相比，其实都算不了什么。这件事情就是按照自己的方式去度过人生。

生命其实没有什么意义，如果一定要找意义的话，那么生命的意义就是一切体验的集合。人来到人世间只有一个任务：就是让自己的人生体验幸福值最大化。

幸福是一种选择，人世间每一个人都有追求自己人生体验幸福值的方式与权利，然后无怨无悔地生活，尽情地欢乐，平静地痛苦。

笔者憧憬的人生体验幸福值状态就是：身体健康、内心丰盈、生活保障。

与读者们共勉！

童伯华

2025 年 7 月

目 录

锦囊 1：百年管理史

第一章

锦囊 2：公司运营 MBA

第二章

锦囊 3：职场 ABC

第三章

锦囊 4：管理者元技能

第四章

第五章 锦囊 5：管理者人文修养

第六章 锦囊 6：管理者精力管理

第一章

锦囊1：百年管理史

一、百年管理史的秘密：所有的事都是一件事

1. 从亚当·斯密开始说起

我一直认为，作为管理者，是需要了解一些管理史的。二十年前我在厦门大学读MBA，毕业时遇见管理学院MBA中心领导，对方客气地征询教学建议和反馈，结果我还当真就直接提议，期望学校未来能在课程设置上增设一门管理史的课。没想到MBA中心领导迅速采纳并实施，这门课很快就开设了起来。

为什么管理者需要了解管理史？

因为今天我们仍然活在一百多年管理先贤们的光辉思想里，了解百年管理史可以帮助管理者更好地理解管理的底层逻辑、洞察管理的本质、把握管理的脉络，从而在日常工作中更好地运用各项管理方法和工具，真正做到知其然，知其所以然。

缺乏对这些经典理论的底层逻辑支撑，管理者在日常工作中就很难对管理有更深层次的理解，常常为了学习而学习，也无法分辨当下短视频及各类演讲里被刻意制造的焦虑和不断创造出来的管理新名词，很容易被牵着鼻子走，并被收取智商税。甚至都无法判断彼得·德鲁克说得到底对不对，而把他的每句话都不加批判地奉为圭臬！

说起百年管理史，首当提到的人应该是亚当·斯密。他是英国十八世纪的经济学家、哲学家、作家，出生于1723年，代表著作是《国民财富的性质和原因的研究》（简称《国富论》），被誉为“古典经济学之父”“现代经济学之父”。

亚当·斯密在《国富论》中，系统阐述了劳动分工对提高劳动生产率和增进国民财富的巨大作用。他用工厂里扣针制造的例子来说明分工的重要性，认为“一个劳动者如果没有受过适当的训练，不知道如何使用职业上的机械，那么即使竭尽全力，一天也可能制造不出一枚扣针，更不用说二十枚了。然而，通过分工，

将扣针的制造分成十八种操作，由专门的工人来完成，可以大大提高生产效率。例如，一个人抽铁线，另一个人拉直，还有专门负责切截、削尖、磨圆等工作的工人，这样一个小工厂的工人，虽然条件简陋，但通过分工合作，一天的产量也能提高到每人生产 4 800 枚扣针。”

劳动分工论的提出，大大地提高了工作效率，成为企业组织运营的主要模式，20 世纪初亨利 · 福特就把生产一辆车分成了 8 772 个工序。同时，劳动分工论也对管理理论的发展起到了十分重要的作用，后来的专业分工、管理职能分工、社会分工等理论，都与亚当 · 斯密的劳动分工论一脉相承。

正是基于这样的影响，所以亚当 · 斯密也被称为管理学的理论奠基人。

2. 百年管理史都在研究一件事情

如果我们把时间跨度拉长，看百年管理史里各式各样的观点，会发现一个秘密，其实他们都是在研究一件事情，那就是：每一个管理理论或观点其实都是在思考如何让员工的效率变得更高！

前面我们说的亚当 · 斯密的劳动分工论就是一个典型的例子。

弗雷德里克 · 温斯洛 · 泰勒，这位被后人称为“科学管理之父”“拿着秒表的复兴英雄”的人，其科学管理理论，就是运用分工、流水线、标准化作业极大地提高员工的工作效率。

亨利 · 法约尔，管理过程理论创建者，提出管理过程五大要素：计划、组织、指挥、协调、控制。他认为，每一位管理者只有在日常工作中把这五大要素动作一一实施，团队员工才能更好地交付结果。

马克斯 · 韦伯，被誉为“组织理论之父”，其提出的科层管理作为一种理性和有效率的组织管理体制，让整个组织就像一架精密机器一样不断运行。

埃尔顿 · 梅奥，著名的霍桑试验主持人，认为工人不仅只是受金钱刺激的“经济人”，还是复杂社会关系的“社会人”，还需要通过考虑工人的心理因素和社会需求来激活工人的积极性。

霍桑试验后，如同璀璨群星般的行为科学思想不断涌现，马斯洛需求理论、赫茨伯格双因素理论、弗罗姆的期望理论、亚当斯的公平理论等，无不在研究如何让员工的工作效率变高！

当你从这个维度视角出发，再回过头看百年管理的各种理论、方法工具，你就会有种豁然开朗的感觉！

为什么员工不能自发主动地付出更多能量，在笔者的第一本书《高效员工管理：写给管理者的 6 个锦囊》里已经给出了答案，那就是：在人类进化的 DNA 里，为了活下去，人们会随时随地节约能量，能不消耗能量就不消耗能量，具体到工作中就是“能做 60 分绝不做 61 分”。

某种意义上，管理的本质是：让员工付出更多能量交付结果。

以前是这样，未来也仍然是这样，因为人性的底层逻辑没有改变。

3. 如何让员工付出更多能量

在作者的第二本书《结果思维赋能：写给管理者的 6 个锦囊》中介绍了管理者如何让员工付出更多能量交付结果的方法模型，如图 1-1 所示。

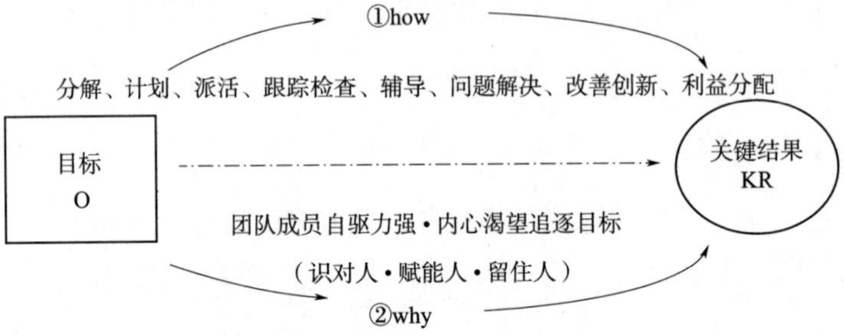

图 1-1　管理者交付结果的方法模型

在这个模型中，管理者交付结果有两种方法：

第一种，把过去百年各种经典管理理论，特别是根据法约尔的管理过程理论延伸出的八个针对“事”的管理标准动作做好，它的好处是确保员工将 40~50 分的能量付出提高到 60~70 分的能量付出。

第二种，赋能员工、激活个体，把识对人、赋能人、留住人这三个针对“人”的管理标准动作做好，让员工由60~70分的能量付出提高到80~90分的能量付出。

管理者唯有把“事”“人”的管理标准动作做好，交付结果的概率才会变得更高（当然，最终能否交付结果还有客观因素的影响）。

如果说第一个方法是让员工看在薪水的份上工作（“薪”甘情愿），那么第二个方法就是让员工发自内心地去工作（“心”甘情愿）。

让员工做到“薪”甘情愿比较简单，有一套健全的管理制度以及管理者的有效落实就能办得到，但要员工做到“心”甘情愿，就需要管理者把针对人的管理动作做好的同时，发挥领导力，激发员工自驱力，让员工内心渴望追逐目标。

管理者只有解决员工的“why”，团队才有凝聚力，才会有战斗力，最终才会有执行力。

团队管理者在“人”上多操心、就会在“事”上少费心，这也就是为什么彼得·德鲁克曾说：最好的管理就是激发他人的善意。

二、泰勒与《摩登时代》

1. 卓别林的《摩登时代》

查理·卓别林，20世纪最具影响力的喜剧电影大师，创作了让人印象鲜明深刻的电影小人物——流浪汉形象：卷发、黑色礼帽、消瘦的体型、过紧的礼服、又长又肥的裤子、细细的腰带、精致的白手套，以及那撇俏皮的小胡子和从不离身的手杖。他的无声喜剧电影代表作品《摩登时代》主要讲述了美国经济萧条时期，工人查理曾在街头搭救一位偷面包的流浪女。他因身无分文，被迫故意犯罪以便被送进监狱，从此几进几出，最后与流浪女在底层挣扎中相互扶持，带着对生活的一丝憧憬，一起走向未知的前路的故事。

在电影里有这样的一个情节，查理是生产流水线上的工人，他每天的工作就是扭紧六角螺帽，周而复始，不断重复，以致下班后查理只要看见六角形的东西就会情不自禁地去扭，结果闹出了许多笑话，让观众忍不住捧腹大笑。

艺术来源于生活，却又高于生活。电影里表现出来的工人的工作生活状态就是那个时代的缩影，因为那是一个追求更多生产、更多市场的大工业生产时代。

而“一切皆可衡量”的科学管理理论正好满足了时代追求更高效率的需求，生产技术的分工、工时研究与定额管理、职业培训和标准化、差别计件工资制、成本会计法、管理职能制等，无不让企业主们欢呼雀跃，因为这些革新式的管理举措可以帮助他们快速提高生产效率。

以福特汽车公司为例子，以流水装配线为基础，运用科学管理的原理，使得效率极大地提高，从而让汽车成本大幅度降低。1910 年，福特公司生产的 T 型车售价为 950 美元，而到了 1924 年，售价降至 290 美元，而且在美国最早实现了工人日工资 5 美元。

而提出科学管理理论的人正是弗雷德里克·温斯洛·泰勒，一位拿着秒表的复兴英雄。

2. 泰勒：一位拿着秒表的复兴英雄

今天我们谈管理，一定不会绕过科学管理，因为这是管理史上的里程碑事件。

弗雷德里克·温斯洛·泰勒，出生在一个富裕的家庭，据说年轻时曾考上哈佛大学法学院，但中途因为身体原因退学，并开始工作。1878 年，泰勒加入米德维尔钢铁公司，从普通工人做起，因受过高等教育并表现出众，一路晋升成为钢铁公司的总工程师。

这段宝贵的工作经验，让泰勒有机会不断探索和实践，逐渐完善了科学管理的基本理念和方法，为后续的实验验证工作奠定了坚实的理论基础。

1889 年泰勒离开米德维尔钢铁公司，随后担任伯利恒钢铁公司的管理顾问，在这里，他全面开始了他的一系列管理实验，比如最著名的搬运生铁实验。

当时，在伯利恒钢铁公司有一个 75 人的生铁搬运小组，每人每天装货大约 12.5 吨。而泰勒以秒表为工具，详细测量工作的每一个环节，以及每一个环节所需的时间，并确定一种效率最高的标准工作方式，统一采用。他的实验证明，一名叫施密特的工人一天之内能够完成47.5吨的搬运工作，而且工资也由过去的1.15 美元增加到 1.85 美元。

1911 年，泰勒的专著《科学管理原理》出版，其中涉及泰勒的思想与实验研究，内容包括生产技术的分工、工时研究与定额管理、职业培训和标准化、差别计件工资制、成本会计法、管理职能制等。其精髓就是通过一整套制度，让员工的行动规范统一、令行禁止，从而把组织的效率提升到最高。

很快，这一原理传播并被广泛运用。在这一过程中，泰勒的共事者和追随者亨利·甘特（即做计划用的“甘特图”的设计者）、吉尔布雷斯夫妇、哈林顿·默尔逊等人也不断为科学管理进行了补充和完善，科学管理思想就此产生深远影响并延续至今。

前文提到的《摩登时代》电影里的情景，正是那个时代的真实写照。

当今学界公认泰勒为管理学的开创者、“科学管理之父”。彼得·德鲁克认为，泰勒的思想“是自《联邦党人文集》以来，美国向世界做出的最持久贡献”。

时隔百年，回过头来看，科学管理的提出在管理史上堪称划时代的事件，其最大意义在于：管理学开始沿着伽利略、牛顿开创的实验科学道路，可以从量化衡量、逻辑推理的角度研究管理问题，而不仅仅只是靠经验总结和个人观点。

管理从此真正开始成为一门学科！

当然，受到时代的限制，在当时工业化大生产时代背景下，人们只看到科学管理的积极面并过度放大其价值，认为只要沿着这条路一直走下去，就可以最合理地安排世界，而人只不过是生产分工中的一具“会说话的机器”而已。直到梅奥教授在霍桑工厂开展的一系列实验，证明人不仅是“工具人”，还是“社会人”，详细情况可以参阅本章第六节内容。

三、汽车的故事：福特与斯隆

1. 亨利·福特，大规模流水生产线创建者

略微了解管理学的朋友们可能都听过下面这个管理段子。

当年老福特每天早上在办公大楼看着从工厂大门口涌入的人流时，忍不住对着身边的人说："我明明请的是一双手，怎么来了一个会说话的人。"

是的，这位老福特名叫亨利·福特，是福特公司的创始人。他与弗雷德里克·温斯洛·泰勒是那个时代管理学诞生时一对不得不提的人物。

如果说，泰勒是科学管理思想的大师，那么福特就是科学生产实践的巨人。

福特曾有一个梦想，那就是让每一个自食其力的美国人都有一辆福特车。后来福特公司的口号就宣称"除了社交场所，福特汽车能带你去任何地方"。当 1908 年 10 月 1 日第一辆 T 型车上市，福特决定把这款车做到极致来实现其梦想，此后 19 年间，福特汽车公司果然只生产 T 型车这唯一的一款车型。

虽然福特一直不承认他的想法来自泰勒的科学管理，但他把大规模生产和流水线作业在汽车生产领域做到了极致。在其位于芝加哥郊区高地公园的福特汽车公司厂区，仅 1917 年就生产了 70 万辆车。到 1927 年时，它一共生产了 1 500 万辆 T 型车，占了当时世界汽车总产量的一半。

亨利·福特说过："必须减少工人的想法，并把他们的动作也减少到最低限度，他们要尽可能只用一个动作完成一件事。"在他的参与设计下，T 型车的生产流水线分成了 84 个操作步骤以及统一精确的通用零配件，工人只需要按照操作程序就可以在尽量短的时间内完成零配件的装配，利用流水线，工人无须动脑，不用挪步，只需要完成动作单一而内容简单的工作，从而降低成本，提高效率，实现机械化的大批量生产。

亨利·福特在《我的生活与工作》里描述，按照这种做法，生产一台发动机的时间可以从 9 个小时 54 分钟缩短到 5 个小时 56 分钟，生产汽车底盘的时间可以从 12 小时缩短至 1 个小时 33 分钟。

随着大批量高效率的生产，成本被大大地削减，福特不断下调 T 型车的价格，一辆奢侈品的汽车变成了人人都能买得起。福特说过："每一次我把车的价格降低 1 美元，就可以得到 1 000 个新顾客。"

据书里描述，1908 年 T 型车售价为 850 美元，1916 年 T 型车售价为 360 美元，而到了 1927 年 T 型车售价仅为 290 美元！

在不断提高劳动生产率、降低成本、扩大市场、获取利润的同时，福特还特别强调利益共享的原则，让劳资双方的利益在经济发展中统一起来。1914 年，他把工人的日薪提高到了 5 美元的标准，这在当时是整个行业平均日薪水平的 2 倍。同时他将公司每天工作 9 小时的制度改为每天 8 小时的三班倒制度。这些政策让福特赢得了工人的极大拥戴。

某种意义上，福特是大规模生产及流水线作业的奠基人，也是当时社会里企业的主流形象，由于福特工厂大获成功，所以很多工厂都引进了大规模生产线和科学管理方法。以至赫胥黎在《美丽新世界》中，甚至把"新纪元"定义为"A.F."，也就是"福特之后"（after Ford）的意思。

然而，"优秀是卓越的敌人"，福特到了晚期太沉迷于已有的成就，固步自封，早期的创新最终失去了活力，他一直拒绝改变基本款 T 型车的技术。就如历史上英雄迟暮的故事一样，当新款的 A 型车在 1927 年推出时，福特的对手们早在这场竞争中站稳脚跟，福特公司此时已回天乏术。

而他的对手之一，就是下面要讲的通用汽车的总裁斯隆。

泰勒和福特就如那个时代管理学史上的双子星，一位是思想家，一位是实践家。泰勒以秒表作为武器，用数字和逻辑视角看待管理，重新发现和定义工作，重视效率，关注对工作流程的分析和改善。福特在实践中直接拆分步骤，发展大规模生产线，从技术层面提高了效率。

今天大规模生产线及标准化操作仍被广泛应用于各种制造行业的工厂，人们依然需要按照流程进行工作，而这些管理方法，都是泰勒和福特留给我们的遗产！

2. 艾尔弗雷德·斯隆，第一位伟大的职业经理人

前面我们说到，福特汽车公司19年如一日推出T型车时，其竞争对手已从侧翼包抄，弯道超车，推出更多特色型号的汽车来满足人们日益增长的需要。其中一家就是通用汽车公司。

当1908年福特第一辆T型车上市时，通用汽车公司也在那一年创立了。经过十几年的发展，通用汽车公司成为一家拥有别克、庞蒂亚克、凯迪拉克、雪佛兰等众多品牌的庞大汽车公司。

然而经济大萧条让通用汽车公司陷入了困境。直到1923年，艾尔弗雷德·斯隆出任通用汽车公司总裁，在随后的50多年里，斯隆运用其对组织的天才嗅觉以及对于商业的敏锐判断，不仅推翻了福特在汽车工业中的统治地位，还重塑了通用汽车公司，让其在数十年内成为行业领军企业。他也被认为是管理历史上第一位杰出的职业经理人。

彼得·德鲁克在为斯隆的著作《我在通用汽车的岁月》的序里写道："从斯隆的身上我们可以看到，经理首先是一种职业，它客观、不带情感色彩、有着开放的心态。他坚持依照事实，翻阅大量的文件，考虑问题的方方面面，避免刚愎自用、固执己见。"

斯隆之所以被赞誉，主要有两个原因：

第一，与福特汽车公司由创始人一个人独断的管理方式不同，斯隆在通用汽车公司创建了一支高度专业化、冷静且精明的全新管理团队。他首次提出职业经理人的概念和职能，把一家公司的管理决策变成了有据可循，通过群体智慧、逻辑推理、利弊权衡后做出决策，而不仅仅依靠直觉。

第二，基于市场趋势的判断和卓越的组织能力，面对众多汽车品牌，斯隆上任不久后就把公司拆分为8个事业部：5个汽车生产事业部，3个零配件事业部，每个汽车生产事业部都拥有独立品牌。斯隆还给每个汽车事业部明确产品定位以及产品价格，以适应不同阶层的消费者需求，与福特汽车公司19年内只生产T型车形成鲜明对比。公司总部只负责全公司的大政方针，如财务管控、重要领导人员的任免、长期规划、重要研究项目的决定等，而其他具体业务则完全由各事业部负责。这种组织模式的改变极大地激发了各个事业部的自主性，事业部拥有了前所未有的责任和权力。斯隆甚至说："企业里最高层的管理者对事业部经营的细节有太多的了解，既不适宜，也无必要。"

通过这种"组织平衡"，从20世纪20年代到40年代，通用汽车公司始终一枝独秀，是世界上最大的汽车制造商，创下商业领域里无数辉煌的成就。

福特与斯隆这一对汽车行业以及商业领域的双子星，他们对现代管理理论的形成和发展产生了极大的影响。《经济学人》曾这么评价福特与斯隆："如果说亨利·福特完成了管理的底层改造，艾尔弗雷德·斯隆则完成了它的上层改造：他把管理变成一套高效、可靠、如同机械般的流程。"

然而历史总是惊人的相似，就和当年的福特汽车公司一样，商业领域没有永远的常胜将军。到了60年代，通用汽车的这种分权经营管理方法把权力越分越细，却没人根据当时观念和现实的变化对产生的问题进行调整，内部慢慢丧失了主动创新意识，这使得通用汽车最终陷入了发展困境。

四、MBA与法约尔：管理过程理论的诞生

1. MBA含义的来由

当下国内综合大学都会有管理学院，管理学院一般都会设MBA中心，开设有为期两年的MBA课程，获得足够的学分并通过毕业论文，即可获得工商管理硕

士，简称MBA（master of business administration）。许多人可能会纳闷：为什么“A”（administration）是用“行政”这个词？

说来话长，这与一位伟大的古典管理理论奠基人亨利·法约尔有关。

亨利·法约尔是一位法国人，出生于1841年，19岁毕业后以工程师的身份进入煤矿工作，从基层开始一路晋升。47岁时开始担任公司总经理，一直到1918年退休。

管理源自实践。作为在企业工作三十多年的总经理，法约尔从一生的实践中形成了自己的管理思想，凭借非凡的业绩、坚实的理论和丰富的经验，其代表著作为《工业管理与一般管理》。这本著作的出版标志着一般管理理论的诞生。

法约尔认为管理是一门专业，它具有普遍性，适合各个行业领域，也是一门可以在大学课堂传授知识的独立学科（在这之前人们的观念里，“管理”是几乎不存在的）。在企业经营过程中，管理活动就和其他如技术活动、商业活动、财务活动、安全活动等一样存在。

法约尔提出企业里的每一个管理者都需要把管理过程中的计划、组织、指挥、协调、控制这五个标准动作做好，团队方能有效地交付出结果。

这五个词怎么如此耳熟？这就是今天翻开每一本管理教科书，书里都会提出的管理四要素：计划、组织、领导、控制。

是的，第一位提出者就是亨利·法约尔，只不过后人把五个要素归纳为四个而已。正是因为法约尔的总结和概括，形成了今天管理学研究的基本范式。

因此法约尔也被管理界内誉为“管理过程理论之父”。

法约尔在回答企业管理者日常在管理活动中到底做什么时，提出了以下十四条管理原则：

（1）劳动分工；（2）权力与责任；（3）纪律；（4）统一指挥；（5）统一领导；（6）个人利益服从集体利益；（7）人员的报酬；（8）集中；（9）等级制度；（10）秩序；（11）公平；（12）人员的稳定；（13）主动意识；（14）团队精神。

法约尔把这些原则称之为“行政管理”，并一直影响着后续的人们。二战后，随着欧美各国的经济迅速得到恢复和发展，对于商业领域的专业管理人才需求不断扩大，以哈佛大学为首的商学院已开始大规模培养以 MBA 正式命名的硕士研究生。MBA 的名字就这么一直叫到现在！

2. 法约尔管理思想的深远影响

随着时代的发展和管理学科的进展，用今天的眼光来看一百多年前法约尔的管理思想，不可避免地会认为存在缺陷以及局限，但这些都是“事后诸葛亮”式的聪明。

法约尔的《工业管理与一般管理》标志着一般管理理论的诞生，是一部划时代的经典之作。它第一次明确地提出了管理的概念，使独立的管理职能和普及的管理教育从此成为可能。

如今很多人认为，现代管理中的大部分理论，仍然是对法约尔理论中某一部分的重新提出和补充。在所有早期的管理学思想中，法约尔的管理思想是经得起时间考验的！

作为同处工业大生产时代的一代人，如果说泰勒的科学管理更多侧重于基层管理和生产管理，属于微观层面；那么法约尔的管理过程理论则侧重于高层管理和通用管理，属于宏观层面。

如果说泰勒的管理研究使管理真正开始成为一门学科，那么法约尔就为这门学科构建了整体框架！

或许也可以这么说，没有泰勒和法约尔，就没有今天的管理学！

五、韦伯：组织理论之父

1．泰勒与福特的缺憾

前面我们说过，泰勒和福特就像是那个时代管理学史上的双子星，一位是思想家，一位是实践家。他们的科学管理思想和实践大大地提高了管理者的工作效率，并让管理成为一门学科。

泰勒与福特把注意力都放到了生产管理上的效率提升，太专注于分工、流程、标准化等领域，然而他们却忽略了从“第三方”俯瞰的视角来思考一家企业的运营，即通过何种最佳方式进行组织。

那个时代，一位名叫马克斯·韦伯的人接过了这一棒，开始思考组织一家企业的最佳方式应该是什么样的。

马克斯·韦伯是德国社会学家、历史学家、政治学家、经济学家、哲学家，也是当时西方一位极具影响力的思想家，与卡尔·马克思和埃米尔·杜尔凯姆并称为社会学的三大奠基人。

韦伯在《社会组织和经济组织理论》里提出的“官僚体制是工业新世界里组织的终极形式”观点，让他在管理学领域里奠定了自己的地位。

2. 官僚体制理论

在《社会组织和经济组织理论》里，韦伯认为法理权威的大规模社会群体组织（比如企业）最适宜的组织形式应该是官僚体制。

注意，我们这里说的“官僚”，是因为之前的翻译原因一直使用这个词，是指这种组织的成员是专门化的职业管理人员，不同于一般语境中含贬义的“官僚”概念。为了避免误解，有些学者把韦伯中的官僚组织改称科层组织。（下面我们统一称之为科层组织或科层管理）

科层组织是指一种以分部—分层、集权—统一、指挥—服从等为特征的组织形态，是现代社会实施合法统治的行政组织制度。在科层组织里，组织成员是否胜任仅仅取决于他的能力，而不是取决于他对组织领袖的个人忠诚和个人依赖。组织成员的任免是因为由制度规定的组织层级、部门划分、职位设置、成员资格。

在这种组织里，层级分明、分工明确、非人格化、依照规程办事的运作机制、有书面的决策文书、以成绩为晋升基础、讲究效率。这种等级森严的组织里，以理性规则为主导，地位较低者受到地位较高者的控制与监督，还有精心设计的晋升结构和部门界限。

此时，整个组织就像一架精密机器，里边的每一颗螺丝钉，都在履行各自界定分明的职责。

科层管理作为一种理性的和有效率的管理体制，迎合并极大地推动了近代资本主义的工业化进程。一方面，它满足了工业大生产的生产模式和管理复杂化的需要。其在精确性、快捷性、可预期性等方面是其他社会组织形式所无法比拟的。另一方面，它以非人格化、制度化的特征而得到科学理性时代的文化认同。

3. 关于组织的持续思考

与泰勒和法约尔处于同一时期，韦伯作为对于组织如何运营进行有效思考和探索的第一人，对于西方古典管理理论的完善做出杰出贡献，也被后人称为“组织理论之父”。

科层管理作为行政组织的一种“经典组织范式”在管理机构得到了广泛的推广。然而随着时代的发展，其自身的缺陷也不言而喻。

但我们不难发现，即使是今天各类组织的管理运作，看起来创新层出不穷，但似乎仍可以看到科层组织模型的影子，这就是韦伯组织理论伟大贡献所在。

对于组织思考与发展，在管理的历史长河里，我们不得不提另一个人的名字，他叫切斯特·巴纳德，被称为系统组织理论创始人，也是现代管理理论的奠基人之一，对管理学的发展产生了深远的影响。

其最著名的作品是《经理人员的职能》，在书中巴纳德提出：协作是整个社会得以正常运转的基础性条件，而组织就是一个有意识地对人的活动或力量进行协调的体系。一个组织有效运营需要具有三个条件：①能够互相进行信息交流的人；②这些人愿意作出贡献；③实现一个共同目的。简单点说就是协作意愿、共同目的和信息交流。

韦伯的科层体制特别强调权威的作用，认为权威属于自上而下的性质。巴纳德则有不同的观点，他从信息传递出发，认为权威来自下属的接受，由此提出了著名的“权威接受论”。这一观点大大地推进了组织管理论的进步，也为几十年后的各种“领导力”理论奠定基础。

巴纳德的这些理论不仅为现代管理学的发展奠定了基础，也为解决组织管理问题提供了新的视角和方法。每一个学科领域就是这样被一浪又一浪的思想推动着前行，直到今天，关于组织的思考仍然不断地持续。

六、明灯燃起：梅奥及霍桑实验

1. 绝望中的驱使

作为一名从事二十多年的企业人力资源工作者，一直在人力资源这个领域中研究和学习，笔者一直认为人力资源管理学科能从管理学中作为一个分支独立出来，在过去百年历程中，有三位大师功不可没，其中第一位是埃尔顿·梅奥，他是“霍桑实验”的主导者，也是行为科学的开创者。

埃尔顿·梅奥，澳大利亚人，1926 年作为哈佛大学商学院教授接受洛克菲勒基金会赞助的一项项目研究。此项目主要研究在实际工作中，工人是如何工作的？工人在工作中最关心什么？如何才可以激励到工人？什么因素会影响工人的士气与生产力？

之所以有这样的项目，是因为在泰勒的科学管理以及福特汽车的大规模流水线生产的实践证明了这种管理方式精密而有力，可以让员工的行动整齐划一、令行禁止，把组织的效率提到最高，这样可以在通往“效率极致”的路上走得更远。然而，事与愿违，工人们的士气与效率并没有越来越高。

某种意义上来说，洛克菲勒基金会赞助的这个项目研究，或许是为了寻找另一条最大限度提高生产效率的路径。

2. 大名鼎鼎的霍桑实验

梅奥教授及他的团队在芝加哥西部电器公司所属的霍桑工厂进行了与此项目相关的实验。这项实验原本是想验证一个关于生产效率的理论：室内的光线好，能够提高工人士气，进而能够提高劳动生产率。然而由于照明费用挺贵，所以梅奥想知道，什么样的光线可以最大程度地提高劳动生产率，在保障效率的同时控制费用开支。

但两个对照组的实验结果让梅奥团队大跌眼镜：无论光线是什么样，两组的劳动生产率均未出现显著变化，甚至另一组光线黯淡时，工人的生产率偶尔还有提升。

光线不影响生产率，那影响生产率的到底是什么呢？

梅奥团队又设计了一个更为复杂的实验，经过研究发现：参加实验让工人们感到很光荣，这种荣誉感提升了工人的工作积极性，也提升了劳动生产率；同时，作为精选的团队，每个人都认同所在的这个群体，所以工人们也有了良好的合作意愿，提升了生产率。

随着实验的深入，梅奥及其团队进一步了解到，科学管理看似通过生产线对工人进行了严密的控制和组织，但其实在工人群体之中还存在着非正式组织，这些非正式组织会调节组织内成员的行为，影响生产率。比如，在这种组织里通常会有一个规则，不能干得太多——太突出自己会导致别的成员失业，也不能干得太少——这样会影响整体效率，让整个组织受罚。

这种非正式组织的存在，几乎可以让计件工资和企业的物质奖励全部失效。因为工人不仅是只受金钱刺激的“经济人”，他们还是“社会人”，是复杂社会关系的成员，要调动工人的积极性，还必须从工人的心理因素和社会需要的满足入手。

梅奥教授在其《工业文明的人类问题》里总结道：“人总是想要和自己的同伴联系在一起，这是一种强烈的愿望，也是人类的特点。企业管理者若是忽视了它，或者想战胜这一人类本能，必定会导致管理上的失败。”

3. 行为科学的开启

回顾第二、第三节，泰勒发现了科学管理的秘密，福特实践了科学管理在大规模工业生产的运用，而斯隆组织了工作，但他们都没有看出“人”在其中的价值。

当大规模生产的机械力量正处在巅峰时，霍桑实验却像一盏明灯给了组织效率研究提供了另一个突破口：从“人”的身上着手，个体对组织效率提升至关重要。而这一工作的结果诞生了以研究人的行为和心理为中心的行为科学（最早被称为“人际关系学说”，1949 年在芝加哥大学的一次科学会议上，正式提出“行为科学”这一新的名称）。

“人的需求”“人性假设”“非正式组织及人际关系”“领导风格”“组织协同”等领域的研究让行为科学大家们如璀璨群星涌现，他们是马斯洛、赫茨伯格、麦格雷戈、麦克利兰、弗罗姆、亚当斯、福列特，等等。

至此，以研究人为中心的行为科学成为一门独立学科，正因为有了行为科学的理论基础，使得人力资源管理从管理学中独立出来成为专门的领域。

七、行为科学之璀璨群星

1. 马斯洛需求层次理论

前面我们说过，霍桑实验诞生了以研究人的行为和心理为中心的行为科学，各种行为科学的理论如璀璨群星般涌现。第一位我们要介绍的是马斯洛及其提出的需求层次理论，因为他是行为科学里研究“人的需求”第一人。

亚伯拉罕 · 哈罗德 · 马斯洛在其《人类动机理论》中提出了需求层次理论。

马斯洛认为每个个体的需要分为生理的需求、安全的需求、社交的需求、尊重的需求和自我实现的需求。

生理需求包括食物、水分、睡眠等需求，它是维持人的正常生活条件的需求，是所有需求中最基本的需求，是推动人们行动最基本的动力。只有这些最基本的需求得到满足之后，才能进行其他层次需求的探索。

安全需求指人们需要稳定、安全、受到保护、有秩序、能免除恐惧和焦虑等，包括人身安全、健康保障、家庭财产安全、工作职位保障，是在满足生理需求之后寻求的下一层次的需求。

社交需求也可能被称为归属与爱的需求，包括友情、爱情等，要求和其他人建立情感的联系或关系，希望归属于某一个群体并在其中获得某种地位的需求。

尊重需求包括自我尊重、信心、成就、希望受到别人尊重的需求。

自我实现需求是指希望能最大限度发挥自己的潜能，不断完善自己，完成与自己能力相称的事情，实现自己理想和目标的需求。

马斯洛需求层次理论认为：

①五种需求是天生的，与生俱来的，是激励和指引个体行为的力量。

②无论从种族发展还是人类个体的发展来看，层次越低的需求出现得越早，层次越高级的需求出现得越晚；马斯洛认为需求层次越低，力量越大，潜力越大。层次越低的需求力量越强，因为直接关系个体的生存，因此也叫缺失需求。

③只有较低层次的需求得到满足或者部分满足后，高一层次的需求才会出现，并成为推动个体活动的主要动力。而已经满足的需求不再是当前推动个体活动的动力。

④高层次的需求不是绝对必需的，但是满足这种需要可以使人精力旺盛，所以又被叫作生长需要。

⑤个体对高层次的需要，不同人会有所不同。比如，有的对自尊的需要超过对爱和归属的需要，只有当人觉得受到尊重、比较自信时，他才会去追求归属和爱的需求。

马斯洛本人在后续的研究中，又增加了如认知需求、审美需求以及超越需求，一共八个层次。但一般来说，今天管理界传播较广的是其最初的五级需求层次理论。

虽然马斯洛需求层次理论有不少缺陷：比如需求归类有重叠倾向，并且人的动机往往是由多个需求决定的，需求满足没有明确的标准和程度等。但这一点不影响其在心理学领域以及行为科学的重要地位，它为理解人类行为背后的动机和心理活动提供了重要的理论基础，在管理中对于理解和满足员工需求具有启发性，对企业管理、教育、社会政策等多个领域产生了深远的影响。

2. 麦格雷戈——XY 理论

受到马斯洛需求层次的启发，心理学家道格拉斯·麦格雷戈于 1960 年在《企业的人性面》一书中把焦点聚集在管理学中关于人们工作原动力的运用，提出 XY 理论。

麦格雷戈认为在实践工作中人们依据人性假设把员工分为两类人：

第一类人有消极的工作原动力，他们基本上厌恶工作，对工作没有热情，如非必要就会加以逃避；他们的工作动机只是为了获得经济报酬，绝大多数人没有雄心壮志，怕负责任。对这类人企业的有效管理方式就是“胡萝卜 + 大棒”，须用严格制度流程，使他们为达到组织目标而努力，并且以经济报酬来激励生产。麦格雷戈用 X 理论来给它命名。

第二类人有积极的工作源动力。他们不厌恶工作，多数人愿意对工作负责，寻求发挥能力的机会。对于这类人企业需要给予更大的自主权，创造良好的工作氛围，尽可能把职工工作安排得富有意义，并具挑战性；工作的成果可以引起自豪，满足其自尊和自我实现的需要；让员工进行自我激励。麦格雷戈用 Y 理论来命名。

如果用马斯洛需求层次理论来看：X 理论假设较低层次的需要支配着个人的行为；Y 理论则假设较高层次的需要支配着个人的行为。

麦格雷戈本人认为，相较于 X 理论的假设，Y 理论更实际有效。因此，他建议企业应当鼓励员工参与决策，为员工提供富有挑战性和责任感的工作，建立积极的团队关系，这将能极大地调动员工的工作积极性。他在《企业的人性面》一书中把 Y 理论称为“个人目标与组织目标的结合”，认为关键不在于采用强硬的或温和的方法，而在于要在管理思想上从 X 理论变为 Y 理论。领导者应发掘员工的潜力，达到"个人与组织目标的一体化"。除了满足员工的生理需要外，还有他们的精神需要。

客观来说，麦格雷戈的XY理论已经对人们工作中的动机进行了深刻的剖析，当今的管理者无须过分纠结于人性假设到底是X理论还是Y理论，这个不重要，重要的是如何把X理论和Y理论有机结合起来，回到管理的本质，即让员工付出更多的能量来交付结果。

3. 赫茨伯格的双因素理论

赫兹伯格是美国著名的心理学家、行为科学家。和马斯洛一样，他试图弄清楚究竟是哪些因素激发或驱动组织中员工的行为。然而，他并未将目光局限在个人的内在需要中找原因，而是将目光投向个人之外的工作条件和环境，试图直接查明哪些因素影响员工的满意程度及其对工作的积极或消极态度。

赫茨伯格在《工作的激励因素》一书中提出了双因素理论，认为影响人们心理和行为的因素主要有两大类：激励因素和保健因素。

激励因素包括工作富有成就感、工作成绩能得到社会承认、工作本身具有挑战性、负有重大责任、在职业上能得到发展和成长等。这类因素的改善能在很大程度上激励员工，使之产生满足感。

保健因素则包括组织的政策与行政管理、技术管理、工资福利、工作条件、安全设施和人际关系等，是保持员工达到合理满意水平所必需的因素。

赫茨伯格认为保健因素的实施只是消除了员工的不满意，但还没有达到满意的状态（也就是中性状态），而只有激励因素才能实现员工满意。

他在书中写道：保健因素是造成工作不快的主要原因，激励因素则是通往工作满意的康庄大道！

4. 井喷般涌现的行为科学理论

麦格雷戈的《企业的人性面》于1960年出版，赫茨伯格的《工作的激励因素》则在1959年出版，马斯洛的《人类动机的理论》于1943年出版，以及弗罗姆的

《工作与激励》于 1964 年出版，读者们可能会发现，行为科学的各种理论在那个时间就如同井喷般涌现，这可能与霍桑实验后，管理界另辟蹊径开始从“人”着手去追求更高的组织效率有着直接的关系。

此时，作为“显学”的行为科学理论如雨后春笋般层出不穷：Z 理论、成就需要理论、期望理论、公平理论、目标理论、强化理论、沟通理论、冲突调节理论、行为效果理论、领导方式理论、支持关系理论、管理方格理论等，这一系列的理论成果极大地丰富和拓宽了行为科学的领域，并被广泛推广运用到企业的实践中。

八、彼得·德鲁克：大师中的大师

1. 为什么是彼得·德鲁克

彼得·德鲁克（1909—2005），出生于奥地利，1937 年移居美国。1943 年他成为通用汽车公司的顾问，当时通用汽车的总裁就是我们第三节说过的艾尔弗雷德·斯隆，在随后的两年里，德鲁克几乎把所有时间都用于通用汽车公司的管理模式，丰富了自己的实践经验，并形成了自己的理论。

1950 年，彼得·德鲁克受聘于纽约大学管理学教授，据他后来回忆：“我是全世界第一个获得这一头衔并且教授这一学科的人。”

1954 年，彼得·德鲁克的管理学代表著作《管理的实践》出版，并在书中回答了“管理究竟是什么”这一问题。他说：“管理就是界定企业的使命，并激励和组织人力资源去实现这个使命。界定使命是企业家的任务，而激励和组织人力资源去实现这个使命是领导力的范畴，二者的结合就是管理。”

在这本经典的作品里，德鲁克还有另外三大贡献：

①他认为企业应该从三个方面来描绘：“企业是一个机构、是一个由人组成的社会‘组织’、是一个受公共利益影响的‘社会机构’。而作为企业管理者的目标

就是让组织的目标得以实现、让组织的个人收获成就、让企业承担好社会责任并为社会作出贡献。

②“目标管理”（management by objectives，MBO）的提出，是一个具有开创性、对后世深远影响的管理概念！他认为“管理者工作的立足点应当是为公司目标而执行任务……指导和控制管理者的，应该是绩效目标，而非上级”。

德鲁克的原意其实是强调管理者要对目标负责任，要专注于如何交付结果，而不是应付上级。然而有些人一想起目标管理，就简单狭隘地理解为要求人设立目标，然后用目标来衡量他的业绩。这种理解存在着很大偏差。

③如上一节所说，作为同一个时代的人，德鲁克明显受到“显学”行为科学理论的启发，把个体的需求作为管理者关注的重点，在书中德鲁克认为：员工的工作动机决定了员工的产出。员工不仅是资源，也是“完整的人”，是“人”就会有自己的需求与意志，每个人对自己要不要工作、如何工作有绝对的自主选择权，唯有让个人心甘情愿地发挥主观能动性，才能为企业、为自己创造出最大的价值。

因此，管理者的职责是“使工作富有成效，使员工富有成就感”。

另外，德鲁克认为“管理是一种实践，其本质不在于‘知’而在于‘行’；其验证不在于逻辑而在于结果；其唯一的权威是成就”。

1973 年，德鲁克的另一本同等分量作品《管理：任务、责任和实践》出版，这本书为管理者提供了一套系统化的管理知识和基本原理，被誉为“管理学的百科全书”。在书中德鲁克回答了管理者的五项基本责任：明确并制定目标；组织各项管理作业；激励与沟通；绩效衡量工作；发展自我和培养人才。

2. 每一位人力资源从业者都需要感谢彼得·德鲁克

彼得·德鲁克一生共出版了 30 多部专著，涵盖了广泛的管理主题，包括组织管理、领导力、创新、社会责任等。他的思想对全球管理实践产生了深远的影响。他被认为是一位杰出的管理思想家和导师，被誉为“现代管理学之父”和“大师中的大师”。

前面第六节说过，人力资源管理学科能从管理学中独立出来，成为一个分支，在过去百年历程中，有三位大师功不可没。第一位是梅奥教授，第二位就是德鲁克，第三位是当代的人力资源领域管理大师戴维·尤里奇。德鲁克在《管理的实践》一书中，首次使用了“人力资源”这一概念，认为“人力资源”是实现企业使命的重要因素，而之前的人们通常只是将员工视为成本或生产要素。

德鲁克的人力资源概念强调了人的重要性和价值。他认为，企业的成功不仅取决于物质资源，更取决于人的能力和贡献。因此，企业应该将员工视为企业的重要资源，需要对员工进行投资和管理，关注员工的需求和发展，为员工提供良好的工作环境和培训机会，调动员工的主观能动性，激发员工的创造力和积极性。

自此“人力资源”这一理念在企业管理中得到了广泛的应用和推广。越来越多的企业开始重视人力资源管理，将其作为提升企业竞争力的关键因素。

九、从钱德勒到科特勒及以后

1. 谁是战略理论提出第一人

时间来到了 20 世纪 60 年代，二战后大多数国家在一片废墟上努力发展经济。资料显示，20 世纪 50 年代初，西欧各国工业生产已经大体达到甚至超过了战前水平，20 世纪 60 年代世界经济持续繁荣，整个社会从物资匮乏到丰富。在这样的时代背景下，如何迎合时代发展的大潮并在竞争激烈的商业领域中脱颖而出，成为各企业面临最大的挑战。

战略，作为一种高瞻远瞩的力量，逐渐成为管理学领域的热门话题。

彼得·德鲁克就自信满满地宣称，他的《成果管理》是“第一本论述‘战略’的书”。

而阿尔弗雷德·钱德勒同样坚定地表示，他的《战略与结构》才是第一本讲述战略的专著。

谁是提出战略理论的第一人？对于近半个世纪后的我们来说，答案也许并不重要，重要的是他们的思想对我们所产生的深远影响！

阿尔弗雷德·钱德勒，是一位著名的企业史学家、战略管理领域的奠基者之一。作为彼得·德鲁克同时代的人，他们有非常多的相似之处，都在学院担任教授，并与通用汽车公司总裁斯隆的自传《我在通用汽车公司的岁月》有关。德鲁克帮这本书写过序，而钱德勒则在撰写过程中提供过直接帮助。

钱德勒最伟大的贡献就是在《战略与结构》这本书里第一次用不同于当时人们的视角来思考战略问题。

他通过对当时美国四家典型企业的兴起和发展进行研究，特别对其管理结构上的演变历史进行了解读和概括，把战略定义为“制定企业的长期目标，并为实现这些目标采取行动，分配必要资源”。而组织结构的定义是“为管理一个企业所采用的组织设计”。

在书中，钱德勒认为，战略先于组织结构而形成，企业应该先设计好最合适的战略，再决定哪种组织结构最适合实现这一战略。

这种表述让当时的人们快速地接受了“战略”这一新概念，并由此产生了十几个战略流派，这些流派之间彼此不断否定、质疑，推动着“战略”领域的研究，那个时期有关战略管理的出版物、会议、课程迅速发展起来，咨询公司则建立起了“战略产业”，各种方法论、工具多达几十种，让人目不暇接。

伊戈尔·安索夫是和钱德勒同一年出生的战略管理大师，出版的《公司战略》一书更加具体地首次提出公司战略概念、战略管理概念、战略规划的系统理论、企业竞争优势概念，以及把战略管理与混乱环境联系起来的权变理论。他认为，应该有“一种在商业企业内制定战略决策的实用方法”，而且所有人都可以运用它。

亨利·明茨伯格，这位被人们称为“管理领域伟大的离经叛道者”，更是在其

《战略历程：纵览战略管理学派》一书总结了战略管理学家们几十年的研究成果，整体介绍了战略管理的各个流派，为读者在现实世界中对战略理论加以实践提供了综合性指南。

迈克尔·波特，世界管理思想界“活着的传奇”，商业管理界公认的“竞争战略之父”。他的三本著作《竞争战略》《竞争优势》《国家竞争优势》被称为竞争三部曲。他提出的“五力模型”、公司三种卓有成效的战略理论（总成本领先战略；差异化战略；专一化战略）、价值链理论基本上是今天全球各大学商学院工商管理专业的必读教材。

在这么多位大师的努力下，战略管理自此成为管理学科里的一门显耀的分支。

2. 营销 4P 理论

公司战略回答了如何实现愿景的路径选择，但归根到底，它仍然是纸上文字，是空中楼阁，而要落实到现实中，必须有一个支点，而这个支点就是公司产品的营销，产品必须能售卖出来，战略的价值方能体现出来。

菲利普·科特勒于是扛起了产品营销的大旗，这位被后人誉为“现代营销学之父”的代表作《营销管理》于 1967 出版。这本书的出版改变了当时人们主要以推销、广告和市场研究为主的营销概念，扩充了营销的内涵，将营销上升为科学。在今天各大学的 MBA 项目中，这本书是市场营销学的核心教材。

虽然美国密歇根州立大学杰罗姆·麦卡锡教授在其《基础营销》一书中第一次将营销组合要素概括为四类：即产品（product）、价格（price）、渠道（place）、促销（promotion）。

但科特勒的《营销管理》更加系统地阐述了以 4P 为核心的营销组合方法，并随着《营销管理》的再版，营销 4P 理论更是发扬光大，深入人心。

4P 理论的具体含义如下：

产品（product），注重开发的功能，要求产品有独特的卖点，把产品的功能诉求放在第一位；

价格（price），根据不同的市场定位，制定不同的价格策略，产品的定价依据是企业的品牌战略，注重品牌的含金量；

渠道（place），企业并不直接面对消费者，而是注重经销商的培养和销售网络的建立，企业与消费者的联系是通过分销商来进行的；

宣传（promotion），包括品牌宣传（广告）、公关、促销等一系列营销行为。

4P理论简单、有效地把营销的关键要素组合起来，又方便记忆，一下子风靡并影响着营销界里的每一位从业者，并成为工商管理专业的必读教材。

然而，随着时间的推移，“以消费者为中心”时代的来临，有人发现4P理论的提出者站错位置了，他们仍然是以厂商的视角来看营销这件事情，4P理论似乎已无法满足时代的要求，于是营销界纷纷提出了新的营销要素，4C理论顺应而生。它强调企业首先应该把追求顾客满意放在第一位，产品必须满足顾客需求，同时降低顾客的购买成本。产品和服务在研发时要充分考虑顾客的购买力，然后要充分注意到顾客购买过程中的便利性，最后还应以顾客为中心实施有效的营销沟通。

4C的含义如下：

（1）消费者的需要与欲望（customer's needs and wants）；

（2）消费者获取满足的成本（cost and value to satisfy consumer's needs and wants）；

（3）用户购买的方便性（convenience to buy）；

（4）与用户沟通（communication with consumer）。

4P理论和4C理论虽然站的角度不一样，一个站在企业的视角，一个站在消费者的视角，但他们说的其实是一件事，都是营销要素简洁明了的诠释：customer，用“客户”取代“产品”，指要先研究顾客的需求与欲望，然后再去设计、生产和销售顾客想要买的服务或产品；cost，用“成本”取代“价格”，先了解顾客要满足其需要与欲求所愿意付出的成本，再制定定价策略；convenience，“便利”取代“地点”，意味着制定分销策略时要尽可能让顾客方便；communication，用“沟通”

取代“宣传”，“沟通”是双向的，“宣传”更多是单向的。

由于 4P 理论是从企业营销活动的具体操作层面阐述，对于从业者而言更加好理解，今天它仍然是营销领域里最重要的模型。

3. 之后的管理思想界

在笔者看来，后续的管理界思想依旧是百花齐放、精彩纷呈，但更多是往百年管理史沉淀下来的框架里添砖加瓦，这些大师包括：

W. 爱德华兹·戴明，代表著作《转危为安》，其提出的“质量 14 条”为全面质量管理（TQM）奠定基础，PDCA 循环也称戴明环。

约瑟夫·朱兰，代表著作《质量控制手册》，戴明同时代的质量管理大师。

加里·哈默尔，与 C.K. 普拉哈拉德共同创作《竞争大未来》，被《经济学人》誉为“世界一流的战略大师”。

大前研一，代表著作《战略家的思想》，强调日本经济崛起时一批知名企业的战略思考艺术。

沃伦·本尼斯，代表著作《成为领导者》，将“领导学”推至举足轻重之位。

迈克尔·哈默与詹姆斯·钱皮，两人代表作《企业再造》，企业流程再造理论的提出者。

克里斯·阿吉里斯，代表著作《组织学习》，提出“学习型组织”理论。

彼得·圣吉，代表著作《第五项修炼》，把系统性思维融入“学习型组织”理论体系。

约翰·科特，代表著作《引领变革》，是企业变革 8 步模型的提出者，当代领导力和变革领域的权威。

吉姆·柯林斯，代表著作《基业长青》，揭示企业长盛不衰之谜。

杰克·韦尔奇，通用电气最年轻的董事长和 CEO，职业经理人的楷模。在退休后还创作了《杰克·韦尔奇自传》《赢》等图书，从实践验证管理理论的价值。

罗伯特·西奥迪尼，代表著作《影响力》，揭示影响力和说服力的六大秘籍，全球知名的说服术与影响力研究权威。

克莱顿·克里斯坦森，代表著作《创新者的窘境》，企业“不创新，必然灭亡”，“颠覆性技术（破坏性技术）”理念首创者。

……………

以上并未完全列举所有卓越贡献的管理思想，笔者相信未来这个名单会越来越长！

之所以用一章内容简略地描述百年管理史，是想和大家分享斯蒂芬·罗宾斯以及蒂莫西·贾奇所著《组织行为学》里的一段话：“商业畅销书往往都有一个吸引眼球的书名，把管理工作描述得就好像只需要五个简单的步骤。而这些书大多是基于作者的观点，而不是大量的实证研究。我们只要稍微下一点功夫，就能得到货真价实的知识，为什么要把我们的管理哲学建立在这些畅销书基础上呢？”

多读经典，将会让每一位管理者受益无穷。最后，笔者还有一个心愿：不久的将来，上述的名单中也会有我们中国人的名字。

第二章

锦囊2：公司运营MBA

一、从经营到管理

1. 不同定义的“管理”

不知道读者朋友们有没有发现，人们对于词语的定义是不一样的，不同人使用同一个词语，有时虽然表面毫厘不差，但真实的意思却失之千里。

比如企业中人们常常挂在嘴上的“管理”（management），在不同情形不同语境里人们表达的意思就不一样。

有时是指广义的管理：包括使命、愿景、战略、组织能力（文化、机制、人才）等领域的含义，更多指的是如何尊重商业规律、把握大势，如何正确决策和获取资源，其目标是提高效益。广义的管理如果用“经营”这个词来理解可能会更好理解，讲的是企业如何定位自我（使命），如何设立宏伟的目标（愿景），如何去实现（战略），以及战略如何解码、如何落地（组织能力）等“做正确的事”。

有时是指狭义的管理：指的是管理者带领团队时如何做“正确地做事”（交付结果），主要指分解计划派活、过程追踪、利益分配；以及识对人、激活人、留住人等标准动作，更多指的是如何处理好企业里的人、机、物、料关系，其目标是提高效率。日常人们常讲的“管理”更多指的是狭义的管理。

作为企业职业经理人，在与对方对话，特别是与大领导们对话时，可快速区分对方说的“管理”到底指的是什么领域的内容，然后双方才可能在同一频道有效沟通，要不然就会是鸡同鸭讲。

经营是公司生意的来源，更多是指如何让公司多赚钱，比如实施什么样的战略决定了企业利润多少的问题。

管理是公司的日常运作，更多是指如何让公司少花钱，比如良好的管理可以让公司利润如何最大化的问题。

企业核心经营者更多在经营，在抬头看路，关注如何在不确定的环境下做出正确的选择。而企业广大的各级管理者更多在管理，在埋头拉车，关注如何打造高效的执行体系，把任务完成。

经营者与管理者的角色不能混淆：当经营者对管理（尤其是对管人管事）有着极大的热情和偏好，而管理者天天对着公司战略评头论足、指点江山，却无法把执行落实到位，那么这家企业就危险了！

当下，我们也经常在一些企业里看到：公司不乏训练有素的管理者，真正缺少的却是有战略思维的经营者。也就是说，如果公司领导人的战略素养不足，公司管理的质量就没办法提高。

小米的雷军在演讲时曾说过一句非常精彩的话：不要用战术上的勤奋，来掩盖战略上的懒惰。

企业最怕的困局是：战略上出现了问题，经营者却茫然不知或不愿承认，甚至把责任推卸给各级管理者，怪罪团队执行力差。此大谬也！

企业经营者唯有在战略选择、业务选择、组织能力建设上能建立起一套有效的底层逻辑，方能大概率在不确定性和脆弱性的环境下做出正确的选择，从而创造价值，这样的经营者才是企业的有效经营者。

如何区分经营与管理，笔者的第二本书《结果思维赋能：写给管理者的 6 个锦囊》里有一幅关于企业运营描述的图（见图 2-1），可以很好地理解在企业运营领域里什么是经营，什么是管理。

一家企业取得成功，需要清晰和符合逻辑的方向，文化、机制、人才的匹配，讲相同管理语言的管理者，所有人齐力同心，组织同频共振，方能到达彼岸。

2. 企业运营成功的充分条件与必要条件

企业无论做什么最终都要交付结果，结果无外乎包含以下三项：收入、利润、产品市场份额。

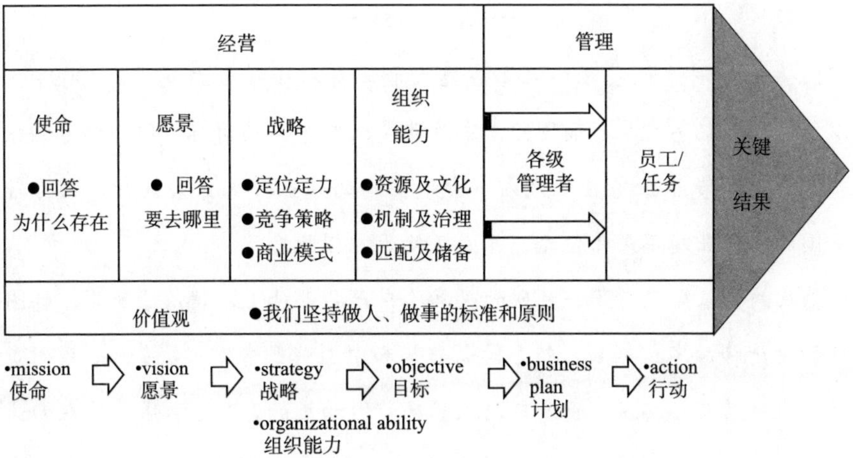

图 2-1 企业运营的底层逻辑

而实现收入、利润、产品市场份额，需要经营者与管理者齐心协力，力出一孔。

然而，我们还是不得不承认：使命、愿景、战略、组织能力、管理执行这些其实都是交付结果的必要条件，而非充分条件！

逻辑学告诉我们，必要条件指的是“有了它才有可能，没有它则绝对不行”；而充分条件是“只有具备这些条件，就一定能达成相应结果”。

也就是说，即使企业在使命、愿景、战略、组织能力、管理执行等方面都做得很棒，也不一定能交付出很好的关键结果。

因为，天时、地利、人和缺一不可。

如果有机会观察中国的许多民营企业的起家历程，往往你会发现：一个优秀的企业家（经营者），凭借其敏锐的眼光和过人的魄力，抓住中国改革开放和经济发展的大势所带来的各类战略性机会（天时），进入了特定的行业与市场（地利），从而成就了今天的局面。

因此，企业能做的，就是尽可能在“人和”方面多下功夫，坚持做对的事，然后抓住天时、地利那些稍纵即逝的好机会。

——案　例——

1911年，一对名叫斐乐的兄弟在意大利比耶拉小镇创立斐乐。2009年8月，安踏以总价约6亿港元从百丽国际手中收购斐乐在中国的商标使用权和专营权，当时很多人认为，斐乐业务在短期内不会给安踏的收益带来巨大提升，因为当时斐乐在中国的零售业绩不足1亿元，而且正处于亏损状态。

安踏收购斐乐后进行了一系列的改革：在产品设计上，聘请了美国、韩国和本土最好的设计师，不断创新，结合时尚趋势和中国消费者需求，推出一系列受欢迎的产品；在品牌建设方面，通过与顶级赛事和运动员的合作，加强了其在专业运动领域的影响力，并通过数字化营销和社交媒体平台，与年轻消费者建立紧密联系，增强品牌的社交属性和市场活力；在销售模式上也选择直营的模式，从员工培训到门店装修，再到经营策略，由总部统一管理，斐乐在中国的近2 000家线下实体店，做到了单店平均销售额行业领先，利润也稳步提升。

在不断变革的同时，安踏保持斐乐不变的东西，始终做那个“高贵的自己”。比如，品牌logo一直没变，网球运动的服饰气质没变。老爹鞋、红蓝配色的运动服经典款式没变。

随着“复古新国潮”这股风刮到“90后”和运动品牌领域，斐乐也随之重获生机。2014年，斐乐成功扭转颓势，实现了化亏为盈。2019年，在零售业务普遍低迷的大环境下，斐乐店铺却在逆势增长。截至2023年，其营收达到251亿元，占安踏2023年整体营收的40%。

今天我国的一些优秀企业，比如华为、阿里、腾讯、小米、美的、海康威视、比亚迪、宁德时代……无不是抓住了时代给予的机会。时代的机会对每一家企业都是相对公平的，但谁能抓住要看企业经营者的远见卓识和非凡勇气。

对企业来说，如何交付出关键结果，唯有尽可能地达到更多的必要条件才是更正确的选择，剩下的就交给运气的降临和抓住机会的能力，正所谓“谋事在人，成事在天”。

因为在这个世界上，充分条件是很罕见的，也是很难满足的。

二、大公司病症三大原因

1. 患上慢性病的大公司

“秦人不暇自哀，而后人哀之；后人哀之而不鉴之，亦使后人而复哀后人也。”这是唐代大诗人杜牧在其名篇《阿房宫赋》里最著名的一句话。

历史总是惊人的相似，但不是简单的重复。商业领域里也是一模一样，“眼看他起高楼，眼看他宴宾客，眼看他楼塌了”。

那些楼塌了的企业大多死于“大公司病”。

大公司病也叫帕金森定律，是官僚主义或官僚主义现象的别称，源于英国著名历史学家诺斯古德·帕金森的《帕金森定律》一书的标题。

大公司病是一种慢性病，是指长期存在且难以治愈的一类疾病。这种疾病会让企业提早衰亡，未老先衰，面对市场和时代变化，反应迟缓，就如同笨重的大象，不仅无法舞蹈，而且连转身都很困难，慢慢在竞争激烈的商业领域里被淘汰。

诺基亚、摩托罗拉、柯达、雅虎、康柏、夏普……这些曾经影响着世界的品牌，无不死于大公司病，如今只能留存在各大学商学院失败企业的案例库中。

无论哪家大公司患病，其症状几乎一模一样：总部愈来愈庞大，基层愈来愈忙，成本愈来愈高，客户愈来愈不满。

具体表现为机构臃肿、流程复杂决策缓慢、管控过度、思想僵化、独立王国、形式主义等。

病症 1：机构臃肿。

大公司部门罗列，一个公司有十几甚至几十个部门，一个部门明明可以完成的事情，却因为分工、流程、风险控制等问题需要多个部门才能完成；常常忘了初心以及为什么出发，领导喊一句数字化，于是每个功能部门都设立数字化创新岗位，经理、员工一大堆，为了数字化而数字化，结果是前线员工越来越少，中后台人员越来越多。（当然数字化对企业来说一定是方向，这里指的是不要为了数字化而数字化）机构臃肿有一个很明显的特征就是各种头衔特别多，总之当官的人多，干活的人少。

病症 2：流程复杂、决策缓慢。

都说“船大难掉头”，大公司在面对重大变革时，因规模庞大、结构复杂、利益关系复杂，往往流程繁多，审批繁杂，以至于前线员工常有“搞定公司各部门比搞定客户还难”的抱怨。同时，它们对市场反应也较为迟钝，难以迅速调整策略或方向，即使做出调整，决策速度远跟不上市场变化节奏——明明竞争对手已经推出满足市场需求的新产品、新包装、新口味，自家的产品却还迟迟不见踪影。

病症 3：管控过度。

公司设置层层领导，一大堆中层领导、高层领导，还有所谓的负责人。一项工作，需要多个领导参与，层层把关审批，但没有人对最终结果负责。

更有甚者，当财务或者风险控制部门这些辅助活动部门占主导地位时，此时关注焦点就是如何把制度定得完美无缺，让员工、客户没有漏洞可钻。在他们的眼里，业务人员都不怀好意，任何业务操作都好像有风险，都需要管控，让一线部门人员唯唯诺诺，生怕犯错。合规成为第一位，与之相比，生意可以先放一边。

病症 4：思想僵化。

整个公司安于现状，缺少忧患意识，对市场变化漠不关心，沉迷于公司固有的成功模式，开会永远是报喜不报忧。对于创新，喜欢闭门造车——对于新思想、新技术，抱着过度谨慎的态度，不敢尝试。

病症 5：独立王国。

大公司的各大高管很喜欢把自己一亩三分地的篱笆墙扎得紧紧的，都想从下面抓权，为统一而统一，以彰显个人的权力欲望。其结果就是各部门各自为政，信息沟通不畅，彼此之间生生不息、“战斗”不已。

彼得·德鲁克有一句警世之言："大部分公司执行之所以失败，在于忘记了公司管理的目的是客户，管理是为客户而存在的，要目光向外，很多公司却把重点放在内部相互折腾。"

病症 6：形式主义。

各个部门，尤其是中后台辅助活动部门，为了证明自己岗位的价值，刻意制造工作痕迹，热衷于做表面文章，在领导面前不断"作秀"，各级管理者看似忙碌，但实际上没有解决问题。表演式加班、形式会议、繁杂的各种考核和报表、花哨 PPT 充斥其间。部分大公司甚至催生出由第三方机构专门帮助润色公司各种会议 PPT，把 PPT 制作得十分漂亮，形式主义严重。以下是网络上流传最严重的七种形式主义：

第一，上下班刷脸打卡，工作就是样样留痕；

第二，铺天盖地的展板、标语、口号；

第三，频繁冗长的大小会议，重形式轻落实；

第四，流于形式的调研考察，对实际工作毫无指导意义；

第五，过度严格要求的台账记录，考核评比，搞表面文章，虚假宣传；

第六，各种彰显"政绩"的活动仪式，宣传盖过实际情况本身；

第七，层出不穷地培训学习，为学习而学习。

2. 大公司病症三大原因

根据热力学第二定律（熵增定律）：在孤立的系统里面，热量肯定是从高温流向低温，此过程是不可逆的。（注：熵是用来表示混乱的，指事物的混乱、无序程度。熵增就是越来越混乱，越来越无序）

热力学第二定律核心内涵是：事物会自发地向混乱、无序的方向发展。某种意义上，在自然过程中，一个孤立系统的总混乱度只会增加，不会减少。随着时间流逝，当熵达到最大值时，系统会出现严重混乱，最后走向死亡，此过程不可逆。

组织或企业作为自然的组成部分，同样遵照热力学第二定律，一定会走向终结。说句或许令人沮丧的话，依照熵增定律，“大公司病”的出现是必然的结果。

引起大公司病的原因主要有以下三个：

第一，组织机制。

还记得第一章第五节，我们在介绍马克斯·韦伯的《社会组织和经济组织理论》时谈到，韦伯认为法理权威的大规模社会群体组织（比如企业之类）最适宜的组织形式应该是官僚体制（科层管理）。正如法约尔在其《工业管理和一般管理》里所谈“例如15名工人就需要有1名管理人员，而每4个管理人员就需要有1名共同的管理人员”。

因此，当运用官僚体制的组织享受其带来效率好处的同时，随着组织规模不断扩大，专业化分工需要对组织不断进行横向切割以及纵向深化，由此便催生了越来越多的部门以及层级。而这些部门和层级又会使组织形成“部门墙”“隔热层”，将上级与下级、部门与部门、决策层与执行层、用户与企业都隔离开来，进而产生各种弊端：效率低下、机构臃肿、流程复杂、内耗严重、决策缓慢。

你看，凡事皆有利弊，即无法只享受其好处，而不承受其弊端——除非组织能建立更完善的机制。

第二，职业经理人治理制度。

大家都知道，公司治理结构的核心是所有权和经营权分离，典型的公司治理结构由所有者、董事会、监事会和经理层等形成一定的相互关系框架，它们依据法律赋予的权力、责任、利益相互分工，并相互制衡。

——现代企业制度——

管理学家钱德勒认为，当一个企业的高层和中层皆为领取薪水的经理人员所控制的时候，便可恰当地称之为现代企业。它是相对于单个业主的古典企业而言的公司制企业。

股份公司是典型的现代企业。通过股票交易，形成新的社会化资本—法人资本；通过经理人交易，形成了专业化的管理群体——经理阶层。为了降低股东大会的决策成本，股东大会交由公司董事会代理处理法人资本。董事会在保留法人产权的前提下，将日常经营权让渡给经理层，企业管理重心也就从董事会转移到了经理层。由此，股份公司内部形成了以所有权、法人产权、经营权三权分立为特征的制度安排。这是现代公司治理结构的基本框架，也是现代企业制度的核心内容。

然而，世界上从来没有一劳永逸的制度安排，公司治理结构也不能解决所有问题，也无法完全解决所有者和经营者因为利益不一致而产生的“委托—代理”问题。经理人的道德风险也由此而生。经理人阶层的“败德行为”欲罢不能，层出不穷。

正因为 CEO 或其下面的职业经理人存在任期限制，大公司往往会出现这样的情况：一旦下一任履职，前任的宏伟计划或者蓝图往往也就被束之高阁，当年精心打磨的十年规划 PPT 不会再有人去翻阅，众人转而一窝蜂地畅想新一轮的愿景与梦想。如此一来，许多方向及政策难以延续，造成了极大的浪费。

同时，由于大公司 CEO 或职业经理人有任期限制，从人性角度来说，只要在自己的任期不出大错，丰厚的报酬、社会声誉及各种便利便尽在掌握，至于未来可能发生何种情况则无须过多考量。因此，大部分 CEO 考虑的永远是任期内的安全——下面的分支机构最好别捅娄子、别违规，更别触碰任何潜在的风险点，否则自己的 CEO 位置便可能不保。于是，他们会倾向于加强管理、严格控制，最好把一切可能出错的隐患以及创新的想法扼杀在摇篮中，甚至通过制造一些限制，防止员工捅娄子。毕竟“多做多错，少做少错”，按老办法行事，出了问题也未必会归咎于自己。彼得·德鲁克就曾说过：“企业过去十年成功的方案，很有可能是其下个十年毁灭的原因。”

第三，人性所使，个人权欲。

“楚王好细腰，宫中多饿死。”“齐王好服紫，一国尽服紫。”权力总是让人欲罢不能。特别是当能决定他人的升迁以及带来的经济利益时，向权力靠近是必然的选择。

“天下熙熙，皆为利来；天下攘攘，皆为利往。”于是各种表演式工作、各种形式主义、各种讨好式礼仪、各种后宫甄嬛传式的内耗就自然而然产生。

当管理者沉溺于这些精神麻痹时，对于建立自己的独立王国欲望就更加强烈。于是乎全球的总部不断向各洲的总部要权力，各洲的总部不断向底下的公司要权力，恨不得人、事、财全由自己控制，美其名曰“为了政策的统一”，结果造成公司内部山头林立、壁垒森严、流程复杂、过度干预，而过度的干预只会限制子公司的成长以及创新的可能。

此时，部门间的焦点已不是如何对公司的生意更有价值，而是如何维护自己的利益不受侵害。更有甚者，每年做预算时，拼命给自己部门加人头、加费用，编出各种理由说服领导，这些增加是合理、必要的，而忽略对公司的生意是否真的有帮助！

在以上三个因素加持下，就如同现代人饮食习惯的后果，大公司于是就患上了“三高”慢性病，一步步向着终结迈进。当然中间总会有一位类似盖世英雄“披着金甲圣衣、驾着七彩祥云”来拯救这家大公司，但他也是有任期限制的，也会退休，虽然后续总会有英雄们出现，但熵增是一个自然规律（熵增是指在一个孤立系统中，事物总是自发、不可逆地朝着熵增加的方向进行。当熵达到最大值时，系统就会出现严重混乱，最终走向灭亡），从长远来看，大公司的命运不会改变，尽管过程中大家都在尝试熵减的活动。《熵减：华为活力之源》里就讲述了华为是如何与熵增作斗争：“企业也好，个人也好，最大任务就是和自己的惰性作斗争”“熵减的原理，就是科斯的交易成本管理的应用，核心是降低企业的内部交易成本。”值得我们拭目以待。

当然，读者朋友们也不要气馁，有的大公司还是可以好好地活很长一段时间的，原因是商业领域的竞争对手也会成为大公司，也会犯同样的错误。

有时企业竞争与高级别跳水的比赛一样，比的是谁犯的错误少。大企业之间比什么？比谁犯的错误少，只要比对手犯更少的错误，就可以比对手存活得更久，直到熬过所有的对手。

三、战略研讨会输入“五看”及输出“八问”

公司战略指的是依据组织所拥有的资源勾画出来的发展方向。

——彼德·德鲁克

1. 战略是选择、是聚焦、是击穿

第一，选择。

哲学里有终极三问：我是谁，我从哪里来，我要去哪里。

这三问同样适合企业，其中使命回答了我是谁，我从哪里来。这家企业对社会、客户、消费者有什么意义？可以帮助解决什么问题？可以提供什么独特价值？或者如《基业常青》这本书中更极致的灵魂拷问：“如果我们不幸消亡，社会是否会因此若有所失？”

愿景则回答了我要去哪里，往后的五年、十年或者未来要成为一家什么样的公司。

如果说使命和愿景是方向性的，那么战略就是实现使命与愿景的途径与方法。具体来说，战略回答的是如何去，是选 A 条路线？还是 B 条路径？还是 C,D,E,F 等路径中的一条？而且最终选择的路径一定是可以更好地“赢”（有时就是鱼和熊掌的选择，没有对错），更好地实现其愿景目标的。

战略不是未来做什么，而是做什么才有未来。

这个“做什么”有许多选项：如果是集团可以进军某个新行业（多元化）或者行业里的一体化。如果是具体到业务公司可以是总成本更低；可以是选择新区域目标市场；可以是开辟新赛道细分市场；可以是推出赛道里的新品类；可以是同一品类的品牌差异化打造；甚至可以是选择什么恰当渠道渗透到客户手中，等等。

——案　例——

今天的阿里巴巴集团，最赚钱的业务板块还是淘宝和天猫，但最值钱的业务板块却是阿里云。在云计算领域，阿里云排名亚洲第一、世界第三。

当年开展云计算所需的投入非常大，连续几年的时间，每年投入十几亿元，这给阿里造成了巨大的资金压力，而且还看不到希望。当时在阿里负责云计算的王坚，曾一度被认为是个骗子。那几年，阿里每年的战略会都要讨论一个问题：要不要取消这个项目，解散这个团队？在最艰难的时候，他们还是决定做云计算。2012 年，认为云计算前途无望的百度解散了自己的云计算团队，这个团队的关键成员许多后来加入阿里。阿里云的最终胜出，靠的就是这种长期主义的战略。

有时战略比的就是企业一把手的认知和远见：是否看得远、看得准、看得深、看得透。所谓的远见，就是能看到别人看不到的商业机会，也能看到别人看不到的风险。

当然，对于某些企业来说方向在哪里，选择就在哪里，战略上可做的事很少。比如说作为可口可乐的装瓶商，战略路径几乎被锁定了（因为其区域、产品都由可口可乐公司决定），几乎没得选择，此时最好的战略路径可能就是做减法，专注自己最擅长的事（牢牢地抓住区域内可持续增长的高质量售点），并且把它做到极致（打造自己的核心竞争力）。另外，企业不该做的就不做，时时清醒知道自己是谁，定期回顾并勇于断舍离，不要等到臃肿到一定程度，再来清扫就痛苦多了。

综合前面所讲，一般来说，战略选择大约有以下几种方法，如图 2-2 所示。

哈佛大学商学研究院教授迈克尔·波特，被誉为竞争战略之父。他在《竞争战略》一书中提出“三种竞争战略”的经典观点，分别为总成本领先战略、差异化战略与专一化战略。

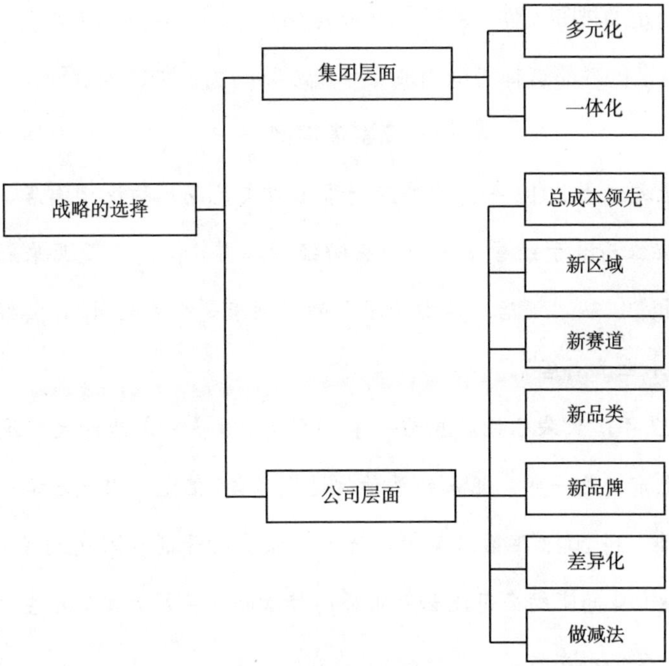

图 2-2 战略的选择

迈克尔·波特的“三种竞争战略”理论更多是关注公司层面的战略，可是随着时代的发展，市场不断细分和竞争的加剧，“三种竞争战略”看似有点过于简单化了。

总成本领先战略指的是通过技术或者模式的创新，可以让自己的成本更低。许多人有一个误区，把低价格认为是成本领先战略，其实低价竞争不是一种战略，低成本带来的低价才是一种竞争战略。另外，一般来说，好赛道不会选择进入低毛利行业，因为低毛利领域的产品往往商业模式欠佳，且产品差异化程度较低。

差异化战略今天看来就好像一个大收纳袋，什么都往里扔。按照“三种竞争战略”理论一旦不是总成本领先，几乎就只有差异化战略。按图 2-2 的分类中，如果说新品牌（比如海尔的卡萨帝品牌）勉强可以归到差异化战略，那么新区域、新赛道、新品类就很难用差异化一句话来解释了，在这里我们可以把差异化定义为“同一赛道、同一品类、不同品牌的差异”。当然无论如何划分，差异化都不是简单的不同，而是通过唯一性、独特性来满足用户不同的差异需求。

最后做减法的战略选择可以当成专一化战略的另一种精准解释。

——新赛道案例——

亚朵酒店成立于 2012 年，最早是一家主打文艺范儿的连锁酒店。其创始人认为酒店业不应仅局限于经营房间，而应向经营人群转变。于是亚朵酒店决定开创一条新赛道出来，从“酒店只是卖房间”到“酒店是经营空间”，其经营理念就是“始于酒店而不止于酒店”。

到了 2022 年，亚朵已经成长为一家拥有 1 400 多家酒店的大型连锁品牌，而且还在美国上市。这一年，亚朵的总营收达到了 46 亿元，但光是卖枕头的营业收入就有 9 亿元。到 2023 年第二季度，他们卖枕头被子的收入达到了 6.2 亿元。要知道同一时期专业的家纺公司比如上市公司梦洁的总收入为 4 亿元左右，比如富安娜的总收入为 8 亿元左右。

亚朵不只是卖酒店住宿，也不只是卖枕头被子，亚朵是一家卖睡眠服务的公司，他们开创出了酒店行业的新赛道。

总之，战略就是路径选择，是旗帜、是定方向、是选赛道。只有方向对了，路才能越走越宽阔。《孙子兵法》里讲“胜兵先胜而后求战，败兵先战而后求胜”，意思是能打胜仗的军队是要明确制胜之法（战略）而后才出战的；打了败仗的军队，往往是未想清如何取胜便仓促开战。对于企业家来说，不要以战术的勤奋，来掩盖战略的懒惰。

——差异化案例——

当海底捞把火锅行业的服务做到极致时，其他的火锅品牌怎么办？学习更好地为顾客服务，苦练甩面，帮顾客过生日，甚至帮顾客带孩子……但不管怎么学，都不可能超过海底捞。此时，有一家名叫“巴奴”的火锅店发现，顾客中有一批人是冲着自家的毛肚和菌汤而来吃火锅的。

于是巴奴火锅决定，既然学不了海底捞，那就与海底捞不一样。海底捞专注服务，那么巴奴就专注特色产品，他们于是喊出“服务不是巴奴的特色，毛肚和菌汤才是”的口号，并就此确立自己的战略选择。

行动教育创始人李践在其书《取一舍九》中指出：战略的最高境界是取一舍九，战术的最高境界是力出一孔。只有战略上取一舍九，战术上才能力出一孔、击穿阈值。

战略赢是大赢，战略输是大输。正确的战略永远是第一位的，管理再优秀也替代不了战略。

如果用这个逻辑来看历史事件，你会发现，他们都选对了路径：

大禹治水战略：堵不如疏；

秦统一六国战略：远交近攻；

汉帝国初期对匈奴战略：和亲；

朱元璋创明朝战略：高筑墙、广积粮、缓称王。

第二：聚焦。

一旦企业最终选择了 B 路径（举例），这就意味着它不得不放弃 ACDEF 等路径。原因非常简单：因为任何一家企业的资源永远都是有限的，而竞争是无限的，企业效率最高、成本最低的做法就是把所有的资源、精力投入所选择的路径（最重要的事情）中，这样方有一线机会取得最后的胜利。阳光聚于一点可以把人烧伤，只有专注、聚焦，战略才会有效率、才能实现最后的“赢”。

用华为的一句广告语来说就是：不在非战略机会点上消耗太多战略竞争力量。

聚焦的意思就是选对方向后，要集中资源形成优势兵力。《孙子兵法》里说“十则围之，五则攻之，倍则分之”，在企业里所有不涉及资源调整的战略都是假战略（因为人钱不到位）。

聚焦也意味着要打造自身的核心竞争力，把自己专属的能力和优势发挥到极致。核心竞争力就是自己的商业护城河，比如服务业，服务能力和品质就是核心竞争力；比如电商中介平台，交易的可靠、便捷和低成本就是核心竞争力；比如可口可乐装瓶集团，牢牢地抓住区域内可持续增长的高质量售点就是核心竞争力。

聚焦后，考验企业的还有能否坚守初心和选择，即能否耐得住寂寞、经得起诱惑。在现实生活中，我们看到有些企业领导因为赚到一些钱，心态就开始飘了，于是头脑发热，将钱投到自认为来钱更快的领域，一旦现金流断裂，就举步维艰，最后祸及所有产业，以破产告终。

第三：击穿。

企业通过深入理解市场和客户需求，选择好路径并聚焦所有资源于一个突破点后，用时间击穿它，是大多数企业的起点。然后心无旁骛、一心一意、做正确的事，通过组织能力（文化、机制、关键人才）的依托，展现团队战斗力和执行力来努力满足客户需要的产品或服务，从而实现质的飞跃和突破，最后帮助企业快速增长和提升市场占有率。

不要高估和低估时间的价值，在商业领域里，人们常说：一家企业的成长，三年决定生死，五年站稳脚跟，八年打下基础，十年小有品牌，二十年才能长成参天大树。

如果说聚焦是“一米宽”，那么击穿就是“万米深”。一个人这一辈子能把一件事做好就很了不起了，企业其实也是一样。

选择是指战略选择后的方向统一，聚焦是指战略资源的聚焦，击穿是指要用利益分配机制保障来击穿。

孙子兵法里说的“不战而屈人之兵”是指战略的胜利。企业经营的最高境界是赢在战略上，而不是一城一池的战术上。“赚钱不辛苦，辛苦不赚钱”，说的大约就是这个道理。

2. 战略研讨会的“五看”输入

许多公司到年底都会开一场来年的战略研讨会（工作坊），但笔者发现有些公司的战略研讨会是无效的，除了喊些无病呻吟需要改变的口号，分享几句对大环境的个人见解，再做一份SWOT分析，然后就用一堆编出来的目标数字（比如到

2030 年收入翻倍），来证明自己开的是场战略研讨会。

实则不然，战略研讨会也是有逻辑的，需要先有相应的输入（五看），经过研讨会上的共创、共享、共识后，最终形成预期的（八问）。如图 2-3 所示。

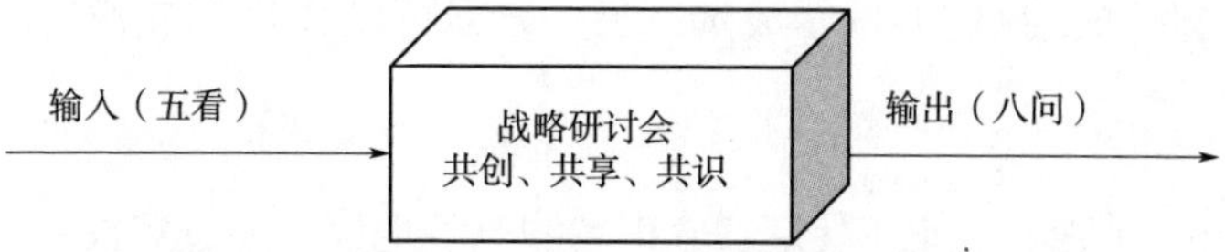

图 2-3　战略研讨会的过程

战略研讨会的输入（五看）指的是：看宏观、看行业、看用户、看对手、看自己。

①看宏观：“不谋万世者，不足谋一时；不谋全局者，不足谋一域”，看宏观主要关注社会及商业领域的大趋势和环境变化，包括政策、技术、市场需求等方面的变化。比如 PEST 分析：指基于政治（political）、经济（economic）、社会（social）和技术（technological）的宏观环境分析。其主要目的是看趋势和找方向。

②看行业：主要是评估所在行业的整体状况和发展趋势，包括市场规模、竞争格局、消费者需求等方面，从而发现机会点和商机。这个环节可以借鉴波特五力竞争模型分析框架——研究产业的一种方法工具，包括同行业内现有竞争者的竞争能力、潜在竞争者进入的能力、替代品的替代能力、供应商的讨价还价能力与购买者的议价能力。其主要目的是看市场变化。

③看用户：主要目的是在宏观环境以及自己所处的行业里，思考自己的目标用户是谁，是否发生偏移，这样才可以精准地描述用户的核心需求和痛点，才能给出相对精准且有针对性地满足用户需求，从而找到自己的定位。在洞察用户的需求时，不要只就着自家产品想用户，不要就着自己感觉想用户，而是要就着用户的场景来思考用户最终要解决什么问题。当对用户最终要解决的问题挖掘得越深刻，你对用户的需求就把握得越精准越深刻。

④看对手：主要目的是找差距。“知己知彼，百战不殆”，通过对于竞争对手的分析，识别对手可能带来的潜在威胁（如市场份额争夺、价格战等）和潜在机会（如合作机会、市场空白点等），以制定相应的应对策略。一方面可以学习行业的最佳实践，同时降低我们的试错成本；另一方面可以让我们寻找自己相应的应对策略。

⑤看自己：评估本企业在既定细分市场的竞争地位，通过定性甚至是定量的分析，认清自己的长处与短板，看到自己企业在既定市场上的竞争力，包括比如市场份额、企业自身独特壁垒以及竞争优势、品牌形象、渠道能力等因素，最后做到有所为，有所不为。其中，波士顿矩阵（BCG）是帮助企业了解自己产品和业务的有效工具。在实际工作中，有时看对手 / 看自己可以用 SWOT 矩阵分析模型来进行。

3. 战略研讨会的“八问”输出

有了前面说的“五看”的输入，并评估了差距和挑战后，就可以开始进行战略研讨会，通过共创、共享，最后达成共识。

其中共识可以用以下“八问”的答案作为战略研讨会的输出：

① 目标是哪个细分市场？

② 谁是我们的用户？

③ 公司的产品 / 服务帮助用户解决了什么问题？

④ 公司的产品 / 服务是如何并入心智的？（品牌建设）

⑤ 公司的产品 / 服务是通过什么交付方式传递到用户手中的？（渠道建设）

⑥ 公司文化、机制（组织结构、制度、流程、技术与平台）是否支持？

⑦ 公司关键人才能力是否匹配以及后备储备是否支持？

⑧ 最后的财务预测是否支持战略实现？

这“八问”将会帮助公司在每一场战略研讨会时带来思考和成果。关于④品牌建设、⑤渠道建设、⑧财务话题，我们会在本章后几节谈到；关于⑥文化与机制、

⑦关键人才话题在笔者的第二本书《结果思维赋能：写给管理者的6个锦囊》书里有谈到，欢迎读者朋友们翻阅。

这里，我们重点谈①~③的话题，即公司有什么机会在什么细分市场帮助用户解决什么问题，提供什么独特的价值。这也是菲利浦·科特勒在前人理论基础上形成的STP理论：市场细分（segmentation）、选择适当的市场目标（targeting）和定位（positioning），主要用于帮助企业找准在目标市场上产品或服务的准确定位，而这也呼应了我们前面所说的"战略是一种选择"。

——案　例——

在竞争异常激烈的家电空调市场里，几乎近于饱和，城市里的家庭几乎都会给卧室和客厅装上空调。如何扩大生意，解决客户需求？

有一家电器企业拍摄了一个短视频广告：在闷热的大夏天，妈妈正在厨房满头大汗地做饭，这里切入了有空调的厨房场景和一段旁白：为你做饭的妈妈买一个小空调，让她凉快一点。这一支广告在母亲节时上线，一下子让人觉得：爱你的妈妈就给她送空调，让品牌深入人们的心智里。

这个案例就是一个不断挖掘用户需求、解决用户需求非常好的例子。所有好的战略设计一定是开始于公司使命的初心：企业存在的价值和意义——回答"在哪个细分市场为哪些用户解决什么问题/创造什么价值"。

亚马逊创始人贝索斯就曾说过：企业里每件事情的驱动力都是为顾客创造真正的价值，没有这个驱动力就没有一切。

战略的第一步是从细分市场开始，细分市场是为了帮助发现有价值的商业机会点：

（1）即这个市场的用户有什么需求和问题尚待解决，我们的产品和服务能解决什么问题或者有什么改善空间来匹配这个市场需求；或者说我们有什么引领时代的新技术可以满足未来的趋势发展。

（2）这个市场有多大，能够创造多大价值，有多少机会，值不值得投入。一般来说，大的生意机会都集中于与多数人口息息相关的“衣食住行乐教健”这七个领域。

（3）这个市场的竞争如何，里面的用户数量与画像如何。

细分市场的分类有许多种：包括地理细分（比如城市农村等）、人群细分（比如年龄、性别、职业、收入、教育、家庭人口等）、行为细分（比如时机、追求利益、使用者地位、产品使用率、品牌喜好等）、心理细分（比如生活方式、个人喜好、购买动机等）、应用场景细分（比如用户要求、用户规模、用户地理位置等）。

前面我们说的空调案例，其实就是从应用场景细分中（厨房）找到机会点。再比如，早年的清扬一直主打男性洗发水；足力健找到了老年人的细分市场，专注于做老年人的鞋；白酒江小白则是针对年轻人这一人群；手机OPPO/vivo先从三四线城市开始入手。

再比如，当年美国的甲壳虫汽车面对市场上众多的大车，从小车子的细分市场出发，发布著名的广告“Think Small”（“想想小的好处”），强调更少的油耗、更方便停车、更便宜的保养与维修，一度成为风靡全美的时尚与潮流。

当然细分市场是动态的，是随时间变化的，企业切忌生搬硬套和盲目模仿，而应视具体情况加以确定。同时，细分市场是组合的，一个理想的目标细分市场可以通过有层次或交错地运用上述各种因素的组合来确定。比如化妆品的经营者将18~45岁的城市中青年妇女确定为目标市场，就运用了四个细分市场的变量：年龄、地理区域、性别、（职业女性）收入。

——案　例——

雷士照明创立于1998年，专注中国市场，作为中国照明行业领军企业。刚开始的时候雷士照明什么市场都做，什么产品都做，总觉得每增加一个产品，就会增加一点销量；每进入一个行业，就会多更多客户。结果什么也没做好，直到重新梳理自己的战略规划，选择商业照明领域作为细分市场，为中国首个提出“商业照明”概念的国产品牌，然后聚焦资源改进产品单点击穿，最后成为商业照明领域无可争议的第一名，是照明行业第一家连续两年业绩突破百亿的企业。

选择细分市场，还需要深度洞察细分市场里用户的需求。

营销学上有句非常经典的话："顾客不是要买 1/4 英寸的钻头，而是买 1/4 英寸的洞。"

在"电钻"和"洞"之间连接的才是用户真正的需求。

企业获利的方法不是通过售卖产品 / 服务，而是通过产品 / 服务满足用户的需求才能获利。然而，人们常常基于自家的产品来思考用户的需求，习惯性介绍自家产品的三大优势、七大卖点，而不是回答可以如何解决用户的问题。事实上，用户根本不关心你的产品是什么？有什么功能？他们只关心你的产品能给他带来什么，解决什么痛点，甚至有什么爆点、尖叫点！比如移动互联网知识付费时代，网上的各种卖课不能只是告诉这些课内的内容和知识，而是告诉用户这些课的内容和知识可以帮助其改变，解决其当下面临的困扰和难题，从而让用户下单购买。

——案　例——

不要卖给我任何东西。

不要卖给我衣服，卖给我魅力的外观。

不要卖给我鞋子，卖给我脚下的舒适和行走的愉悦。

不要卖给我油漆，卖给我环境的色彩和心情。

不要卖给我啤酒，卖给我畅爽和社交的感觉。

不要卖给我房子，卖给我安全、舒适和便利。

不要卖给我化妆品，卖给我对美丽的希望 。

不要卖给我书，卖给我几小时的愉悦和知识的获益。

不要卖给我家具，卖给我居所的温馨和安宁。

不要卖给我任何东西，卖给我情绪、氛围、感觉和获益。

所以，求求你，请不要给我任何东西。

因此洞察用户需求，可以从“自我视角”转换成“用户视角”，不要老是“我觉得”，要到现实场景里去观察用户的需求，要从“我们的产品能够做些什么？”跳出进入“用户为什么用我们的产品？”

比如你是做咖啡的，那就好好想想用户喝你家咖啡时能解决其什么样的需求。

比如你是做糖果的，那就好好想想用户吃你家糖时能解决其什么样的需求。

比如你是卖袜子的，那就好好想想用户穿你家袜子时能解决其什么样的需求。

比如你是卖饮料的，那就好好想想用户买你家饮料时能解决其什么样的需求。

而且思考这些问题，还要把用户的需求放在什么时间、地点、情景、体验来考虑。这个需求甚至可以从规格的不一样、包装的不一样、设计的不一样、成分的不一样、功能的不一样、用户购买的便利性等方面来考虑。

同时，还要考虑到市场里面有没有满足这些需求的产品；如果有，市场上其他同类产品有什么短板；自己的产品是否可以解决这些短板；以及自己创造的价值，是否足以让客户愿意买单等问题。

——案　例——

20世纪70年代，索尼公司的工程师设计一款便携式立体声录音机，但是样品的录音效果却不甚理想，当时索尼公司的名誉主席井深大就建议删去除播放以外的其任何功能，这样人们出行时只要可以听到好的音质声音即可。

虽然这款新产品推向市场时的广告预算只有10万美元，却深受大家的喜爱，随身听成了历史上最为成功的营销范例。它使索尼一跃成为业界领袖，并且为索尼的其他产品项目带来了雄厚的资金。

当这些都做到后，洞察细分市场用户的需求才会趋于精准，产品才能更好地帮助用户解决什么问题或者创造什么价值。

今天仍有一些企业还停留在领导拍拍脑袋，然后操盘手拍拍大腿，就把某个产品上了，或者竞争对手上什么就立即跟风上什么。这些都是没把用户需求放首位，相信这些企业的生意结果也不会好到哪里去。

总结一下，战略研讨会的“八问”输出的①～③的话题，用下面这句话来表达：在哪里把什么产品卖给什么样的人，解决其什么需求，最终赚取利润。

4. 战略解码：把蓝图转化为目标

有杂志曾经做过调查，只有 10% 的企业战略得到了有效的执行！

许多企业的战略规划，即使正确合理，在现实工作中往往也很难得到实施，最后可能被束之高阁。而提升战略执行力需要从组织能力的多个方面着手，如强化执行文化、优化资源配置、搭建适配的组织机制、提升关键岗位管理者的能力等。其中，开展战略解码，无疑是实施这些工作时非常关键的一个环节。

战略解码，简单地说，就是对公司战略进行澄清诠释、明晰路径、明确硬仗、分解任务，把公司的战略蓝图转化为各个功能部门各级管理者及全体员工可理解、可执行的具体目标和行动措施的过程，助力公司实现“上下同欲”“力出一孔”，从而实现战略目标。

如何有效战略解码，平衡计分卡（balanced score card，BSC）是企业里常用的解码工具。

平衡计分卡由美国哈佛商学院教授罗伯特·卡普兰与复兴国际方案总裁大卫于 1992 年提出。它把公司的主要目标分解为财务维度、客户维度、内部流程维度、学习与成长维度等四个维度。其中财务维度关注的是公司运营结果，强调的是公司要从股东或出资人立场出发；客户维度关注的是如何满足客户的需求，因为客户是公司利润的来源；内部流程维度关注的是公司的运营效率，为客户提供满意、可持续的产品和服务；学习与成长维度着重于员工的成长以及如何更多地付出能量。

这四个维度的因果关系可以这么理解：通过学习与发展维度聚焦员工技能提升，让员工更乐意在这里工作，从而付出更多的能量，由此可保障产品的过程质量和生产效率，而内部流程的高效运转，又能确保产品能按时、按质、按量交付，进而提升顾客满意度和市场占有率，最终推动财务指标实现良好表现。

平衡计分卡通过四个不同维度的视角，将组织战略目标与衡量指标有机结合，把组织产出和绩效驱动因素串联起来，呈现出直观的战略地图工具，帮助企业识别各个层面的策略目标、KPI 指标和战略行动方案。图 2-4 是一个战略地图的模板供读者们参考。

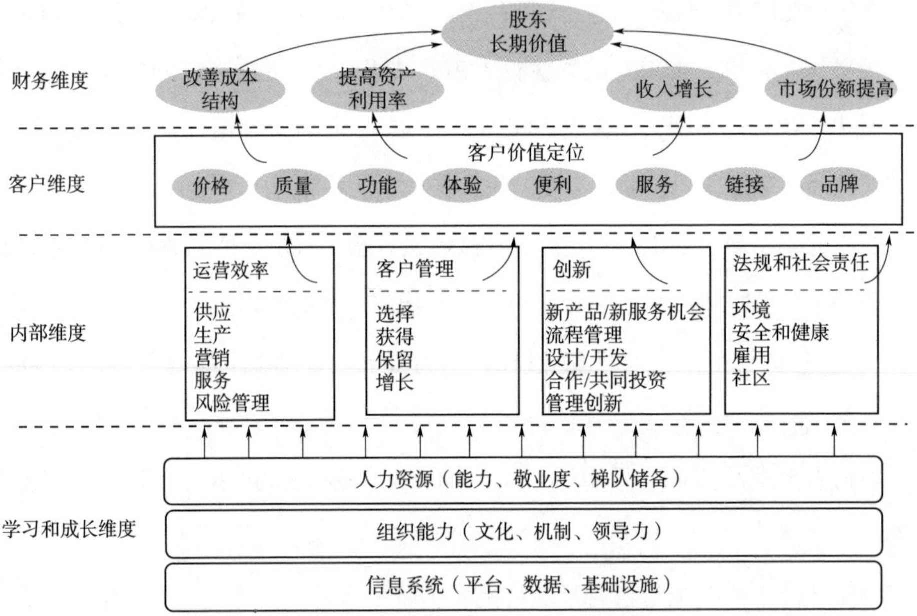

图 2-4　基于平衡计分卡的战略地图

当“八问”输出公司战略后，再通过基于平衡计分卡的战略地图表达出来时，此时各个相关功能部门就可以根据对应的目标，带领团队撸起袖子加油干，最后夺取战略目标的胜利！

最理想的企业团队是：领导一心不乱、高管同频共振、组织力出一孔。

5. 从战略制定到执行链接的模型：业务领导力模型（BLM）

BLM，英文全称 business leadership model，中文翻译为“业务领导力模型”，当然，它也有一个爱称：“波罗蜜模型”。

在咨询行业里边，IBM 的 BLM 模型，可以和著名的波士顿矩阵、SWOT 分析以及迈克·波特的五力模型等相提并论，是企业从战略制定到有效执行链接的模型。

BLM模型旨在帮助企业领导者系统地思考和规划企业的长期成功，帮助企业通过持续的市场洞察和理解市场变化，明确战略方向和执行重点，提高整体竞争力和适应能力。它是企业高层管理者须具备的基本能力和必备能力，是思维方式，是变革工具。

BLM共由11个要素构成，即差距、战略意图、市场洞察、创新焦点、业务设计、关键任务、正式组织、人才、氛围与文化、领导力、价值观。它们之间的关系如图2-5所示。

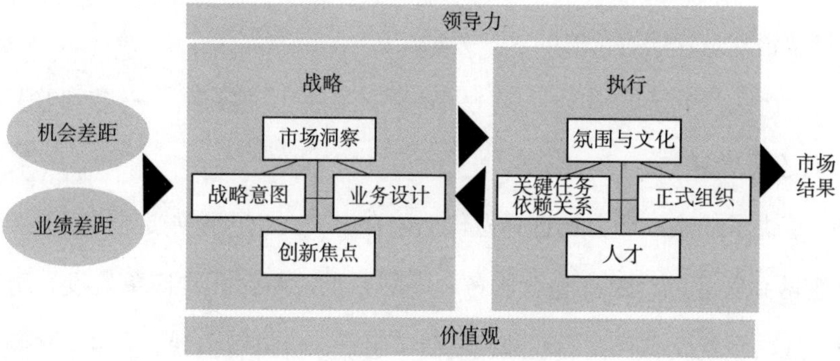

图2-5 业务领导力模型（BLM）

如今，通常认为BLM模型主要有三位贡献者。

其中，迈克尔·塔什曼是哈佛大学商学院的教授，专注研究技术变化、变革领导和组织适应三者之间关系的；查尔斯·奥赖利三世则是斯坦福大学的教授，致力于研究组织文化和人力资源管理对公司创新的作用机制。

这两位教授早期合著《创新制胜》一书，在书中提出了“组织一致性模型”，该模型在组织理论界引起了广泛的关注。后来，IBM公司将“一致性模型”引入企业内部，并由其副总裁布鲁斯·哈雷德与上述两位教授展开合作，于2007年将“一致性模型”升级为BLM模型。此后，该模型成为IBM战略咨询的共同语言，被应用于各个企业的咨询服务中。

也正是在这样的背景下，华为于2008年前后引进了BLM，之后BLM在华为逐步从开花到结果——到 2017 年时华为营收达到 925.49 亿美元，超越 IBM 当年营收 791 亿美元。从向 IBM 学习到超越了 IBM，华为的成功让这个 BLM 模型如今在国内企业界广受追捧和推崇。

最后也请读者思考一下，业务领导力模型（BLM）与本章第一节中图 2-1 里提到的企业运营底层逻辑，二者存在哪些共同点与不同点？

四、营销：品牌入心智 + 渠道渗手中

市场营销就是管理有价值的客户关系。

——菲利普·科特勒

1. 什么是营销

上一节讲了战略，即公司选择做什么才有未来（也可以叫定位）。而做什么最终还是会落到企业的产品（包含服务，下同）上，原因非常简单，没有用户的产品消费，战略也就没有存在的基础。使命、愿景、价值观也就成为空中楼阁了。

只有战略里瞄准的细分市场中的越多用户更多购买我们的产品，企业生意才能增长，才能实现不忘初心的使命。

那么营销的作用和价值就是帮助公司建立和强化定位，它本身就是公司战略的延伸。它包含两个动作：

第一，如何让更多用户知道我们的产品，可以称之为“品牌建设”。

第二，如何让用户通过可靠、便捷、更低成本的交易方式获得我们的产品，可以称之为“渠道建设”。

简单来说：营销 = 品牌入心智 + 渠道渗手中。

不管时代如何变化，形式如何变化，营销的本质就是反复提醒用户自身的存在，并让用户愿意且能便捷地购买产品。

如果把营销这一词拆开来看，“营”是经营、建造之意，“销”是销售货物之意。来诠释，用现在的语境就是如何经营品牌、如何通过销售渠道将产品传递到用户手中。

其实，这也是我们常说的人·货·场的商业模式体现，如图 2-6 所示。企业的竞争，本质上是战略的竞争，而战略的竞争最终还是会体现在产品的竞争上。

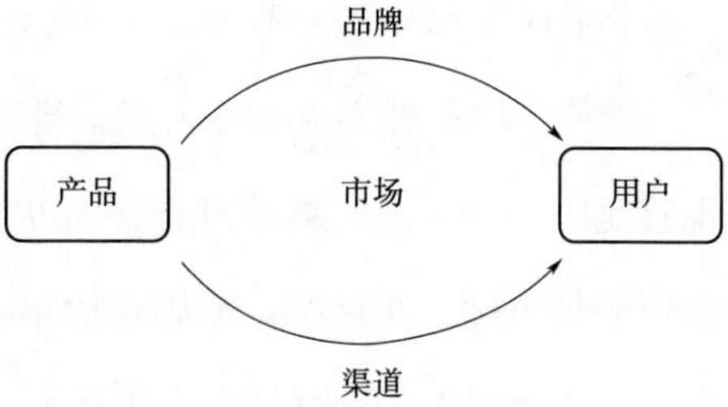

图 2-6 商业模式之人·货·场

本书第一章第九节介绍的菲利普·科特勒就曾这么定义营销：“营销不是以精明的方式去兜售自己的产品，而是一门创造真正客户价值的艺术”。其《营销管理》里系统地阐述 4P 为核心的营销组合方法，即：产品（product）、价格（price）、渠道（place）、推广（promotion）。

其实我们可以这么理解 4P 营销组合：在战略层面的洞察用户需求定位时就把产品（product）/ 价格（price）锁定了，然后通过品牌入心智推广（promotion）以及渠道（place）渗手中，从而实现让更多用户更多购买我们的产品。

2. 从货到品牌

在笔者的第一本书《高效员工管理：写给管理者的 6 个锦囊》第一章第一节曾写道：“在上百万年的进化过程中，在人类的 DNA 里留下了深层的记忆：为了活下去这件事情，尽可能节约能量，尽可能减少能量消耗。”

这一句话同样适合用户的选购行为（特别是 C 端的顾客）。

曾获得诺贝尔经济学奖的心理学家丹尼尔·卡尼曼在《思考，快与慢》中介绍到我们的大脑思维有两个系统，系统 1 是自动、直觉的非理性思维模式，它是基于经验、直觉和情感，能够迅速做出判断和决策。系统 2 是慎重、有意识的理性思维模式，它通过深思熟虑、逻辑推理和分析来处理复杂的问题。这两个系统相互作用，共同影响我们的思考和决策。

大多数购物情况下，顾客只会用系统 1 的非理性思维模式来选购商品，运用直觉、感受、下意识来做决定，而有用、便利、优选是顾客消费动机的三大要素。这也就解释了移动互联网时代，为什么顾客刷短视频，主播让你买买买，你就买买买。此时不用思考、不用分析，凭感性决策！

哈佛大学心理学家乔治·米勒研究指出，人类大脑加工信息的极限为 5~9 个，也就是同一类信息大约能够记住 5~9 个。而同一类商品真正能深入顾客大脑心智的也许只有两三种产品。原因很简单，普罗大众是不会消耗过多的能量去记忆太多的品类以及他们的优缺点，那样太消耗能量了。DNA 告诉我们，能不消耗能量就不消耗能量。

注意，这里能记得住两三种产品的品类，不是你所认为的品类，而是顾客脑中的品类。比如，当人们饿的时候，家里的方便面和美团的外卖可能是同一品类，因为它们都帮助人们解决对食物的需求和问题。

今天大多数公司的产品无论是产品质量、成分、性能说句实话已不分伯仲（如果企业今天还在讨论这些问题，说明还有很长的路要走）。对于企业来说，仅觉得自家的产品是好货远远不够，还要思考如何在顾客凭直觉、感受、下意识做决定时，能进入其大脑的品类认知清单。

这个过程就是“货”到“品牌”的过程。品牌的定义可以从多个维度来阐述，但其核心在于如何与消费者建立起独特的联系和认知。一般而言，品牌是消费者对产品及产品系列、服务或企业的认知与评估的集合，它代表了企业的独特标识、信誉、价值和文化。

那么，让产品进入用户大脑的品类认知清单的过程就是品牌建设。让用户知道“你是谁”和“你不是谁”，并可以沉淀在用户的心智当中，是品牌建设核心的精髓。唯有入用户心智，让用户能主动搜索，才是品牌建设的最高境界。

品牌建设主要有以下这几个特点：

第一，长期稳定性。品牌建设注重长期价值，通过不断提升产品质量和用户体验，满足用户需求，能够建立持久的品牌忠诚度和信任。

第二，增强用户黏性：通过一致的品牌形象和核心价值传递，增强用户对品牌的归属感和黏性。

第三，系统性：品牌建设包括品牌核心价值输出与支撑，品牌的独特性资产，品牌的个性，品牌的组合以及品牌传播方式（线上线下融合）一系列的经营元素，它是一个系统的工程。

第四，价值性：通过持续的品牌建设，品牌价值和影响力逐步提升，有助于在竞争激烈的市场中抗风险能力较强、形成独特优势。

从货到品牌，只有用户觉得我们是个品牌，我们才是个品牌，要不然就永远停留在货的层面（虽然货也有商标）。英语"品牌"（brand）一词源自古挪威语"brandr"，意思是"打上烙印"。比如，大家熟知的可口可乐和宝洁这些品牌，他们经过几十年甚至上百年的努力，才在全球消费者心中树立起深厚的品牌认知度和忠诚度。

现在网上直播带货很火爆，网红主播似乎一夜之间可以带来许多流量。但如果品牌没有进入用户大脑，光靠直播间里所谓的价格优势，是很难持久的。品牌建设与流量营销的区别在于，品牌一旦建立并深入人心，建立起知名度、美誉度和信任度即便后续减少投放，销售也不会立即受到影响。这种品牌效应类似于企业的规模效应，随着用户规模的增加，边际成本逐渐降低，从而形成竞争优势。而流量营销则相反，一旦停止投放，销量立刻大幅下滑，缺乏持久性。从某种意义上讲，直播决定能卖多少货，品牌决定能卖多少钱。

品牌之间竞争，不是竞争定位、不是竞争广告、不是竞争设计、不是竞争包装，这些都是中间过程，品牌竞争最终还是用户的指名购买：多一个人指定买你，少一个人指定买它，你的市场份额就会上升，它的市场份额就自然下降。

同时，如果没有用户的指名购买，那么打"价格战""促销战""流量战"就是时间的问题，最后企业赚取的顶多是微薄的工厂利润，甚至最后只能偷工减料、造假售假。我们常常发现，打“价格战”的公司喜欢用“性价比”这个词，这其实是为自己的低价找借口。那些能够长久发展的公司，大抵是不太强调“性价比”这个概念的，毕竟用户心中有杆秤：好货不便宜。

对企业而言，拥有用户指名购买的品牌就是生产力，可以减少渠道中间商的干扰，直接触达用户，通过合理定价及溢价带来稳定可靠的现金流，从而帮助企业在经济动荡周期中保持韧性。

许多企业，特别是工业产品（to B 端）的企业认为只有消费产品（to C 端）的企业才需要品牌建设。其实不然，斯坦福商学院凯文·莱恩·凯勒教授的《战略品牌管理》一书里就有一个观点：品牌对于 to B 端企业，要比 to C 端企业有价值得多！

一般来说，品牌建设有三个阶段：

第一阶段是知名度，用某种方式（广告、公关、事件活动、跨界合作等）让别人认识你；

第二阶段是美誉度，让用户喜欢你；

第三阶段是依赖度，让用户信赖你，主动搜索，重复购买。

“我检验我们品牌是否成功的方式是：当家庭主妇有意购买亨氏调味番茄酱时，如果店内的亨氏调味番茄酱已经缺货，她是否会到店外其他地方去购买？”亨氏食品公司前任 CEO 托尼·奥莱利说道。

3. 品牌入心智的三种方法

这里介绍三种常见品牌入用户心智的方法，这三种方法经常被综合运用，如图 2-7 所示。

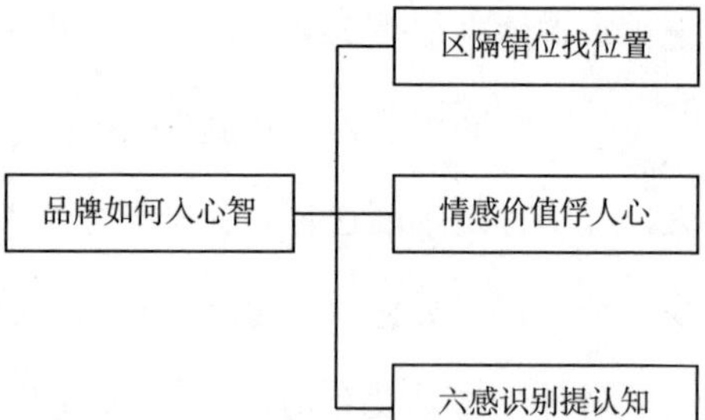

图 2-7　品牌入心智的三种方法

第一种方法：区隔错位找位置。

在本章第三节里，我们谈到战略就是选择，也就是找准自己的定位，而营销就是战略的延伸。那么品牌入心智的第一种方法就是把战略的选择体现出来：努力与同品类的其他品牌区隔错位开来，突出自己的唯一性、独特性或者干脆另辟蹊径开创新赛道、新品类，找准自己的位置，通过属性差异、利益差异、心理差异来占据细分市场用户的心智，体现自家产品的核心价值。比如：

亚朵酒店：“始于酒店而不止于酒店”；

王老吉凉茶：“怕上火，喝王老吉”；

巴奴火锅：“服务不是巴奴的特色，毛肚和菌汤才是”；

农夫山泉：“做大自然的搬运工”；

“爱玛电动车，100 公里不用充电”；

宝洁：飘柔是“柔顺”，潘婷是“滋养”，海飞丝是“去屑”。

第二种方法：情绪价值俘人心。

产品除了性能、质量、价格等功能价值外，还可以通过提供情绪价值来提升自我附加值。那么此时就可把这种情绪价值成为一种文化、一种生活方式、一种象征作为品牌的核心点，从而进入用户心智。

比如：

包包品牌：爱马仕（Hermes）、香奈尔（Chanel）、路易威登（LV）等；

结婚钻戒：“钻石恒久远，一颗永流传”；

哈雷摩托：中年男人的大玩具。

再举个例子：如果你仔细观察必胜客的系列广告，就会发现它大概率不会是比萨原料的一一展示，也不是对食物的特写，而是一群人聚会开心时刻的样子，大家在一块儿欢聚的那种氛围和感觉。

其潜台词就是暗示不仅披萨好吃，还可以提供团聚、开心、愉快的情绪价值。

品牌传播有许多种方式，而广告是品牌传播最有效的方法，好广告不仅简洁、易懂，而且能朗朗上口，让人在日常工作中能快速联想起这一产品，用情绪价值来撩动人们的欲望！我们会在下一节专谈广告的套路。

——案　例——

美国快餐品牌汉堡王有一天突然宣布，他们的招牌汉堡“华堡”当天不卖了，因为要支持竞争对手麦当劳“巨无霸”的销量。奇怪，为什么要支持竞争对手？原因是，那天麦当劳卖“巨无霸”挣的钱，要捐给患癌症的儿童。

这是一次很漂亮的品牌宣传手段，既蹭了热度，也显得大度。

在今天的商业竞争里，占据用户心智成为主战场，你和用户关系拉近了一分，我就要想办法更胜一筹。

第三种方法：六感识别提认知。

从本质上讲，品牌是识别的标记，用以区分自家产品和竞争对手产品。品牌不仅仅是logo，也不仅仅是一句口号，而应是一个全方位感官体验来展现产品的独特特征。

打造产品的品牌识别度可以从六种人类感官（眼、耳、鼻、舌、身、意）出发，帮助用户能从多层次的感官体验感受到愉悦，那么品牌识别度自然就提高。

——大卫·奥格威品牌形象论——

在广告界里，大卫·奥格威是一个响亮的名字。他的理论不仅改变了广告行业的面貌，还深深影响了市场营销的思维。

20世纪60年代，市场扩张和竞争加剧，产品同质化现象严重。消费者面对众多相似的产品，难以找到独特的卖点。大卫·奥格威敏锐地观察到这一点，他提出了一种与产品观点相对应的品牌形象观。他认为，广告如果能为品牌树立一个鲜明独特的形象，那么这个品牌就能获得更大的市场份额和更多的超额利润。这个就是大卫·奥格的品牌形象理论。

奥格威的贡献有两个主要方面：首先，他将广告的焦点从产品本身转移到消费者身上，强调产品必须提供独特的利益承诺。他借鉴了罗瑟·瑞夫斯的“独特的销售主张”，但比其更具有销售力。其次，他强调任何广告都是对产品形象的长期投资，产品必须在消费者心中建立起某种独特的形象。这几乎是20世纪70年代定位理论的雏形。

其成功的典型案例包括大家熟知的劳斯莱斯、可口可乐、麦当劳等品牌形象。

品牌识别度可以通过一种或几种感观碎片的有机组合来提高，甚至有时人们只需要看到其中一个角，就知道是你。比如你远远看到大大的黄色 M 标志，大约就知道麦当劳就在附近。

其实一种或几种感观碎片的有机组合就是品牌符号学，其研究标志和象征之间的关系，以及它们在赋予意义中的作用。国内的华与华营销咨询有限公司（出版有《超级符号就是超级创意》）也将之称为“超级符号理论”。

从品牌符号学来看，人们买的不是产品，而是意义。人类其实是一个被意义和欲望驱使的物种。人们是意义的制造者，并且通过创造、解释“符号”来表达意义。符号学其实就是采用文字、图腾、声音、颜色、气味、行为、手势、仪式等形式来表达意义的。所以当人们通过将事物与熟悉的惯例系统联系起来，就能在很大程度上无意识地解释事物。

以下就是打造品牌识别度的六种人类感观：

①眼，就是通过商标名字、形状、包装、颜色、吉祥物、核心元素等视觉来识别品牌。劳拉·里斯的《视觉锤：视觉时代的定位之道》这本书里，就认为视觉是品牌塑造中冲击力巨大的核弹，也是塑造品牌的关键一步。

比如曹操出行的品牌名，说曹操曹操到，给大家一个“快”的印象。

比如“瓜子二手车”这个品牌名，就比“优信二手车”好记；

比如可口可乐红白相间的英文标识、红色飘带、弧形玻璃瓶等；

比如耐克（Nike）的“钩子”（swoosh）；

比如阿里的猫、腾讯的企鹅、百度的熊、京东的机械狗；

比如荷兰国家足球队：橙色军团；

②耳，通过听觉（声音）来识别品牌，声音是决定心情的按钮，通过听觉可以调动用户的情绪感觉。

比如可口可乐广告里气泡从杯子里边“咕噜咕噜”的声音；

比如英特尔CPU处理器广告里最后“噔噔噔噔”的音符；

比如迪士尼的“欢迎来到梦想之国”；

比如星巴克咖啡店里的音乐氛围；

比如蒙牛酸酸乳广告的《酸酸甜甜就是我》歌曲。

③鼻，通过嗅觉来识别品牌，引发用户回忆的线索，维护品牌独特性。

比如名品服装门店都会特意用一款香薰帮助用户感受店里的那种独特味道。

④舌，通过味觉来识别品牌，为满足不同用户的味蕾（主要是食品企业）。

比如超市里的各种试吃活动，就是从味觉上让消费者喜欢。

⑤身，通过直接接触产品/服务来识别品牌，是用户体验质感的利器。

比如苹果系列电子产品（Mac电脑、iPhone手机）的质感；

比如海底捞的极致服务体验；

比如麦当劳门店提供儿童的玩耍场地、玩具等。

我们前面讲的推广（promotion），更大意义就是通过活动策划让用户身临其境地接触、了解甚至购买我们的产品。

比如在人流量大的商超开展促销活动；

比如参加相应门类的展会。

另外，让用户体验良好的售后服务（安装或维修）是快速提高品牌识别度有力的武器。比如，海尔冰箱“真诚到永远”的用户服务体系；比如，工业产品的安装、维保服务。

美国哥伦比亚大学营销学者伯尔尼·施密特在1999年提出体验营销（experimental marketing）概念，意思是通过一些媒介与手法，让消费者感受到产品的魅力和需求，进而诱发需求，产生对商品的认同及购买行为，从而达到营销目的。而这个体验营销的关键就是让消费者有亲身的体验，从而产生共鸣。

⑥意，具体来说就是给产品加点意义，有仪式感、会讲故事。前面我们说过，

人类大脑思考有两个系统，也可以称为“理智脑”和“情绪脑”。一般来说，当外界对大脑产生刺激时，情绪脑会比理智脑更快做出反应。比如，当演讲调动听众的情绪脑，引发其情感共鸣时，听众甚至会自发收集理性证据，支持感性决定。一般来说，逻辑引发思考，而情绪触发行动，这个世界最高明的行为莫过于仪式感，通过讲故事来影响别人，从而触发行动。

因此讲好品牌故事，是有效提高品牌识别度的一种方式。有一些品牌的广告语并没有直接说产品有多好，只不过构建了简单的故事场景，却可以让消费者认同并买单。

品牌的故事主题，可以是品牌的起源，可以是公司历史，可以是公司使命，可以是产品故事，还可以是消费者故事，这些东西都可以成为品牌故事的主题。

讲好品牌故事之精要在于有效链接产品和用户的情感共鸣，而不是为了讲故事而讲故事，要不然就会东施效颦、邯郸学步。

总之，如何提高自家产品的品牌识别度，可以从“六维”感官世界入手：以“色”悦人；以“声”动人、以“香”诱人、以“味”引人、以“质”触人、以“意”感人。

除了上述讲的三种品牌入心智的方法外，这里还需特别强调一点，即品牌建设是一个长期过程，在保持质量的同时要持续不断地夯实同一个品牌资产。品牌作为独特性资产，要尽量保持固定统一，不要轻易改变，才能让用户记住，才能不断向用户传递核心信息，方能成为经久不衰、存续长久的品牌。除非你的品牌资产已经不契合这个时代潮流和新一代用户需求了。

全球创新领域知名专家克莱顿·克里斯坦森在《创新者的任务》中表述品牌与用户之间的关系，认为是“用户雇用了我们的品牌”。用户和品牌之间是“打长工”或者“打短工”的关系。“打长工”是指品牌能长久地被用户所雇用。这些品牌能够建构品牌体系化壁垒，能够健康而稳定，能够穿越不同周期，比如可口可乐、宝洁、雀巢、玛氏等高价值的品牌。而“打短工”是指品牌只能在一两年之内被用户雇用，但一两年之后，用户就不再雇用这个品牌了。

期许每个企业的品牌建设都可以有长远眼光，不要沦为“打短工”的品牌，突然崛起，又突然消失。

4. 渠道渗透用户手中

可口可乐的百年持续成功，除了家喻户晓的世界品牌外，其特殊的生产和渠道体系保证了可口可乐以最佳状态送到世界各地的消费者手中。用可口可乐的 3P 营销策略表述就是：无处不在（pervasiveness），心中首选（preference），物有所值（price to value）。

无处不在，是指如何通过渠道建设由通路传递到用户手中，让用户唾手可得。

心中首选，是指品牌入心智。

物有所值，是指用户支付的价格与获得的价值相当。

渠道是任何一家公司完成产品和用户交易的中间过程，没有可靠、便捷、高效的交易渠道，用户就无从购买到产品，公司就没有稳定的收入。就像每一个国家都要建立自己的军队，公司一定要建立自己的销售渠道，把命运牢牢掌握在自己手中。

一般来说，渠道建设可以分三个要素，如图 2-8 所示。

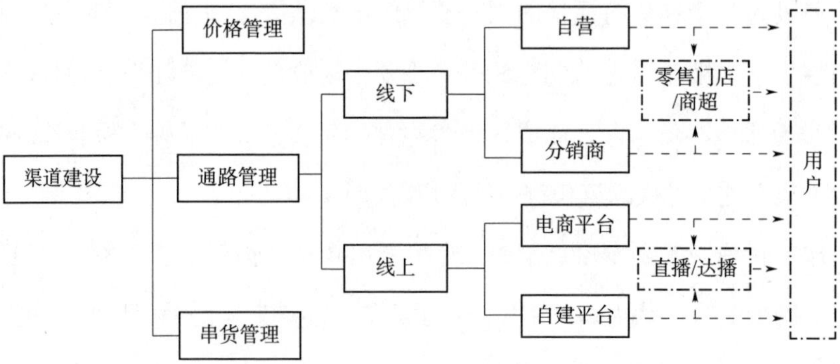

图 2-8　渠道建设三要素

①通路管理，也就是公司的产品如何流到用户手中的过程。

通路管理的本质，不管线上还是线下，不管是过去、现在和未来，不变的是流量，流量是生意的本质，得流量者得天下，所有通路管理，都是流量管理。

以前，谁掌握了线下渠道谁就是王者，比如 OPPO 手机和 vivo 手机当年几乎把中国四五线城镇的手机货柜都给占满了，成功地先从线下市场切入。在没有线上渠道的年代，“进场费”“上架费”“促销费”“堆头费”等“苛捐杂税”是大卖场（商超）的必备保留节目。为什么？因为面对汹涌的人流，这些商超是最终赢家，因为他们手握着流量密码。

线下渠道主要分自营、分销商模式。

自营通常指的是企业通过自有门店或设备（比如自动售货机）直接面向消费者进行销售的方式。

分销商是指那些通过购买产品并拥有产品实际所有权的企业或个人。他们以转售商品为目的并获取利润，更多关注的是价格差。分销商可分为普通分销商（也叫批发商）和特约经销商（也叫代理商）。其中特约经销商与企业就销售区域权（有分省级经销、地市经销等）、产品价格、广告，以及双方权利义务等方面签有一定的约定。有的企业也会把经销商的门店以加盟店连锁的形式来打造企业品牌形象，扩大市场占有率。

分销商的模式有利于渠道快速发展，企业在规模较小、实力较弱时运用分销商的模式，通过价格优势促进分销商的积极性，可以快速打开当地的区域市场。对于企业而言，虽然这种模式毛利偏低，但库存风险也低。自营的模式对于企业的投入要求比较大，也需要企业有一定管理能力，相对而言自营的零售毛利更高，但库存风险也增加了。许多企业成长到一定规模时，为了增强品牌的管理及升级，为了提升毛利率，往往会进行渠道改革而迎来新生。

——案　例——

安踏体育公告 2020 年中期业绩的同时，披露了旗下安踏品牌将终止延续了 20 年的批发分销模式，转为“直面消费者”直营模式的消息，上述转型将首先从包括上海、重庆、浙江在内的 11 个地区开始尝试，并将根据效果调整下一阶段策略。安踏同时表示运营方式的转变将有利于提高协同效益，提升渠道运营管理效率并有效提升费控能力，标准化统一决策，有效提高商品周转效率及存货管理能力，同时能高效衔接数字化智能运营技术，从终端零售价及费控能力提升两方面带动安踏品牌产品毛利率的提升，为公司未来集团业绩发掘新增长点。同时集团将评估混合营运模式地区及其他仍然采用批发分销模式地区的表现，以调整下一阶段策略。安踏还设定明确的时间表，到 2025 年，安踏直面消费者业务占比将达到 70%。

公开数据显示，安踏品牌 2020 年上半年收入为 67.77 亿元，而到了 2024 年上半年收入为 160.8 亿元，继续保持中国运动品牌领导者地位。

然而，随着移动互联网以及电商时代的到来，线上渠道具有广阔市场覆盖、低成本运营、丰富销售数据和便捷购物体验等优势，体现出强大的竞争力和发展潜力。

线上渠道主要有两类：一类是电商平台，包括交易电商平台（比如天猫、淘宝、拼多多等）、社交网络平台（微信、微博、小红书、抖音、快手等）、垂直电商平台（专注于某一行业的电商平台比如当当、唯品会等）、购物及外卖平台（京东、美团、饿了么、朴朴超市等）；另一类是企业自建平台（比如得到、帆书、各公司品牌官网等）。

直播是线上渠道的一种有效推广方式，在移动互联网时代能够通过网络触达、影响千万消费者，获取更多流量，触达更多的用户，且成长更简单、效率更高。直播可以分为自播和达播。

自播指企业自己进行直播，通常由员工或合作伙伴担任主播。自播更注重品牌形象的展示和产品的详细介绍。

达播则通过达人（知名主播或网红）等自带粉丝和流量来卖产品，用达人的账号，以达人账号为中心来获取粉丝。由于流量原因，达播短期内能让销量迅速增长起来，但与线下过于依赖经销商的弊端一样，过于依赖达播，往往受制于他人，主打的是价格优势，销量并不可持续，而且中间有许多如舆论事件等不可控因素。所以，许多企业的品牌（特别是 to C 的品牌）开始选择自播带货作为长久耕耘的一个线上渠道。

不同行业的企业均在思考如何积极拓展并布局线上渠道，并根据自身行业的特点，做到线上线下的有机融合。

比如针对快速消费品饮料行业来说，仅靠线上渠道，生意还是非常小的体量，关键还在线下，因为饮料消费主要还是集中于线下的不同场景，并且基于不同的场景提供不同的营销解决方案，为不同人群提供最合适的产品组合和定价，包括餐饮场景、休闲场景、聚会场景等。

②价格管理：公司收入 = 销量 × 价格，而收入直接影响利润。

合理、稳定的价格是绝大多数企业盈利的基础。稻盛和夫在其著名的“经营十二条”的第六条就提及：定价即经营。他认为：定价不仅是为好卖或为了容易获取订单，而是决定企业生死的关键。

本章第三节里谈到战略的选择时，一定意义上，一旦确定细分市场及用户后其产品和价格也基本就被锁定了。当然，价格作为 4P 理论的一环，要和其他的 P 一起综合运用，不能为定价而定价。定价会受渠道政策和推广方式影响，同时定价也会改变产品，以适应渠道要求。

正常来说，不同渠道用户的身份、收入、社会地位，甚至认知都不一样，他们对于同样一个产品的心理价位也是不一样的，对于价格的敏感程度也是不一样的。因此，企业同一产品不同渠道的价格肯定也会不一样，特别是对于 C 端的产品。典型的例子，就是航空公司同一架飞机上的乘客，其机票价格因为不同渠道购买、不同时间购买而千差万别。当然，对于 B 端的工业产品来说，其价格透明度相对会高很多，价格管理也会相对容易。

因此，作为企业渠道建设里重要的一环，自己的价格体系以及价盘管理非常关键。“乱定价失市场，失价失全局”，许多企业因为短期利益，随意降价促销，引起不同通路的价盘混乱，从而导致渠道坍塌，终将侵蚀用户对公司产品的品牌信任，此大忌也。

另外，对于有不同包装组合的产品系列来说，运用折中效应、吸引效应和锚定效应也是定价的常见方法和手段：

折中效应（comprise effect）是指当一个选项集合中两个选项难以决策权衡时，加入一个极端选项，会使得各属性处于中间的选项被选择的概率变大。

吸引效应（attraction effect）是指人们对两个不相上下的选项进行选择时，因为第三个新选项（诱饵）的加入，会使某个旧选项显得更有吸引力，但与另外一个选项则有竞争作用。被“诱饵”帮助的选项通常称为“目标”，而另一选项则被称为“竞争者”。

锚定效应（anchoring effect）是指当人们需要对某个事件做定量估测时，会将某些特定数值作为起始值。在做决策的时候，会不自觉地给予该特定值过多的重视。

③串货管理：串货的原因有三个。

第一，如上面所说，价格混乱，则有利差，自然货就在不同渠道串通。以前线下渠道为主时代，从商超流出来的货更是许多人赚取利差的机会（因为商超量大，有价格先天优势）。

第二，主要通过分销商走货的企业，因为销售人员的奖金一定会与其销量（或销售收入）关联，出于金钱利益的考虑，势必会以各种方式诱导分销商囤货，一定的囤货会让公司的销量数字好看多了。但长此以往，多囤的货最终还是要流入市场，低价甩货的情况就层出不穷。

第三，因为线上渠道无区域划分，所以跨区域销售成为常态，更因为线上线下价格差异，从而导致了线上线下渠道的冲突。

做好串货管理，亦是渠道管理中很重要的一环，做不好，往往“祸起萧墙”（比喻灾祸、变乱皆由内部原因所致）。

所以，一家公司有没有竞争力，战略能不能落地执行，商业模式能否顺通，营销是必须迈过的一道坎。品牌如何入心智，渠道如何渗手中，当有了这个框架，大约公司就知道该怎么赚钱，靠什么赚钱，也就找到了公司的核心竞争力！

这也是为什么许多大公司往往 COO（首席运营官）就是 CEO（首席执行官）的不二人选。

五、广告的六种套路

1. 广告是品牌建设的一部分

许多产品型企业创始人都有个偏好，总觉得自家的产品是最好的，总希望尽善尽美，最好百分百完美。并且常常认为“酒香不怕巷子深”，只要有好产品，就不怕没人要，销售自然会增长。

其实不然，以前的时代，交通不发达，人们的生活圈子非常小，张家长李家短，隔壁村又发生了什么事，哪个店铺酿的酒好喝，用不了半天就都传开了。但今天是在交通发达、信息畅通的移动互联网时代，人们生活习惯发生了很大的改变，更注重个人隐私，同一层楼的邻居可能都不认识，口口相传的传播方式发生了很大的改变，酒再香也怕巷子深。同时如上一节所说，现在产品种类繁多，市场竞争异常激烈，而人类进化 DNA 的底层逻辑是“能不消耗能量就不消耗能量”，人们是不会花费太多的能量来找你的产品的，除非非你莫属。今天，要知道即使是民生日常产品，比如食用油，也需要通过品牌建设入用户的心智，才能让用户在逛超市时手不由自主地去拿自家的产品。

一般来说，广告、各种促销方式（吆喝、试吃、打折、一元加购、电商平台的直通车等）、传播事件策划（含体育赞助等）、公关活动、品牌联名等都是品牌建设方式（推广）的重要组成部分。

而强势品牌必须持续频繁做广告来保持强势。大家都听过市场营销中有个顾客

“购买决策漏斗”模型，说的是顾客在选购产品时有这么一个决策过程，如图 2-9 所示。

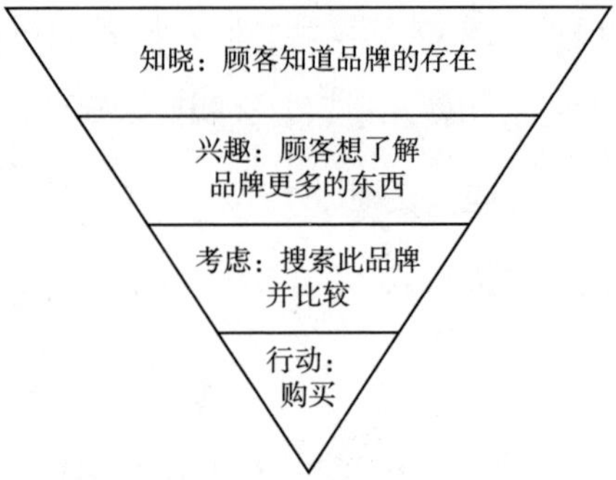

图 2-9　顾客购买漏斗决策模型

从此模型可以发现影响漏斗决策模型的上部因素是知晓和兴趣，那么针对这两个因素，公司应该实施有效传播组合，让用户知晓并感兴趣自家的产品。

而这个过程的推广是多种多样的，而频率最高、传播方式最广、效率最高的莫过于广告了。

心理学家曾做过这样一个研究实验：被测试者坐在椅子上，一只手与电路相连。工作人员告诉他，当被测试者的眼前闪耀红色灯光时，会是强烈电流；当被测试者的眼前闪耀绿色灯光时，会是较弱电流。可到了实际操作时，工作人员给予被测者的是强烈电流，其眼前闪耀的却是绿色灯光，此时被测者没有明显的疼痛反应，他们的反应与较弱电流时是一样的。

这个实验证明心理暗示对人们的影响程度。

在商业领域里，广告就是广泛运用了心理暗示。

当然，漏斗决策模型下部因素是考虑和行动，此时就需要推广的另一个维度：促销登场了。促销指的是直接刺激购买的活动：降价促销、附加价值促销（比如同样的价格多 20% 的洗发水）、附送礼物（比如产品捆绑小礼品）、不同等级会员打折（比如经常乘坐飞机的旅行者），等等。

——案　　例——

美国作者马克·彭德格拉斯特在其《可口可乐传》里讲过一个有趣的百事可乐的促销故事。1934 年，百事可乐在绝望之余，想到一个主意，不做和可口可乐一样的 6 盎司饮料，而是做 12 盎司大瓶装，但折算价格更便宜，当时还用回收各种啤酒瓶来灌装。当年，销售额就达 45 万美元，盈利 9 万美元。这一案例成为饮料行业新进入者的标准战术——大瓶装。

2. 广告的六种套路

每一天只要你醒过来，各种广告就会扑面而来。各种互联网平台（搜索引擎推荐）、电视、广播、纸媒（报纸、杂志）、楼宇电梯、户外（建筑物外表、各类场所内外的霓虹灯、广告牌、海报等）、车身、各种影视剧里广告无处不在。

“我知道，我的广告费中有一半是浪费掉的……问题是我不知道哪一半。”这个至理名言堪称广告营销界的“哥德巴赫猜想”。

其实对企业来说，如果要想最大化广告费的效用，有两点特别关键：

第一，在哪些适合的渠道投放自家产品广告，最大限度地精准触达目标用户群体，是最大的挑战。如果随便乱投放广告，只会让自己的钱打水漂。

第二，自家产品的广告内容在不同阶段的设计非常重要。

——广告界 USP 理论——

USP 理论（unique selling proposition），意思是向用户说明一个“独特的销售主张”。该理论由美国人罗瑟·里夫斯于 20 世纪 50 年代提出。他主张：第一，每一则广告必须向用户提供一个主张，让其明白购买广告中的产品可以获得什么利益；第二，每一则广告必须是独特的，是竞争对手没有的、做不到的；第三，每一则广告必须是有销售力的，强有力地聚焦在一个点上，集中打动、感动用户。

其实经常观察各类广告的有心人会发现：结合前面文章洞察用户需求定位及品牌入心智方法，广告内容是有方法的，都是说出选择你而不选择别人的理由。其基本操作可以分为六种方法，如图 2-10 所示。

从产品定位到品牌入心智的六种方法	方法1：核心价值满足用户什么需求
	方法2：与竞争对手有什么不同
	方法3：想象中的美好生活
	方法4：大众权威喜好运用
	方法5：重复各种品牌识别度
	方法6：讲一个好故事

图 2-10 广告内容的六种方法

方法 1：从产品定位出发，产品的核心价值满足用户什么需求。前面我们说过“衣食住行乐教健”是人们最大的需求。因此告诉目标用户，自家的产品可以满足他们什么需求，提供什么独特价值，是许多产品特别是需要用户知晓阶段广告的最常见方式。（向）富人卖尊贵，（向）穷人卖实惠，说的就是这个道理。

许多广告有一个误区，即过度地强调自己的好处，即这个东西有什么特色，有什么特点，恨不得把所有的卖点都告诉用户。

大错特错，其实这都是站在厂家的角度考虑问题，而不是站在用户角度考虑问题。好广告都是从用户使用产品的好处角度来阐述，而且就聚焦一个卖点，这样才能更容易打动用户。

比如，

“携程，移动旅行专家，让旅程更简单”；

“亚朵酒店，睡眠解决方案专家”；

“老乡鸡，中式快餐领导品牌”；

“挖掘机技术谁最强，山东找蓝翔”。

方法 2：从区隔错位出发，告诉人们自家产品与竞争对手有什么不同，一旦这个不同被认同了，品牌就被记住了。

比如，

“钱大妈，不卖隔夜肉”；

“飞鹤奶粉，更适合中国宝宝体质”；

“爱干净，住汉庭”。

方法 3：前面我们说了，产品不仅有功能价值，还可以提供情绪价值。给用户描绘理想，给用户想象中的美好生活，这样才能够让用户产生消费动机。

比如，爱马仕、香奈儿、路易威登的广告从来不会说自家产品有什么优点或者与别的产品有什么不同，甚至广告几乎没有什么词语。画面永远是时尚潮流的美女 / 帅哥酷酷地拎着包、穿着衣服摆好姿势，潜台词就是你也应该成为那样的人，激发自我心理认同。

方法 4：产品的另一个情绪价值就是满足了人们的从众心理。从漫长的人类进化视角来看，从众是一种安全、可靠而且最低能量消耗的有效选择，同时人类是社会性的动物，有寻求归属感的需求，从众也顺应“别人有我也应该有”的心理。因此用广告告诉目标用户群体，大众的选择与认可是一种有效的方式。

比如，“销量遥遥领先”是当下各类细分领域产品的广告内容首选。举例：“瓜子二手车，创办一年、成交量就已遥遥领先”。

同时，利用各种权威来背书以及请时下当红明星为产品代言人是广告最常见的方法，这是充分利用人们对于权威以及喜好的认同。

比如，“小罐茶，大师作，八位泰斗级制茶大师，坚持原产地特级原料”用的就是这一招，2016 年 7 月份小罐茶上市，当年销售收入 1 亿元以上。到 2018 年小罐茶销售收入过 20 亿元。

方法 5：运用六感“眼、耳、鼻、舌、身、意”不断重复强化品牌识别度。

比如，“恒源祥 羊羊羊”这句经典的广告词从 20 世纪 90 年代流传至今。虽然这句话极其普通，但运用听觉让你就记住了这个品牌，而且终生难忘。

方法 6：广告就是讲好一个故事，可以参阅笔者第二本书《结果思维赋能：写给管理者的 6 个锦囊》第六章第七节里关于泰国广告讲故事的创新方法。

3. 广告要直击用户的真需求

有个广告界的故事：某个机场外边有个广告牌还没租出去，业主就在上面写“好位，这里你就是主角”作为招租广告，结果很久也没租出去。后来业主经高人指点把文案改为“这里每天被多少万乘机人士看到”，广告牌很快就被租出去了。

什么意思？广告一定要直击用户的真正需求。企业方不在乎自己是不是主角，在乎的是这个广告可以被多少人看到。

未来的商业领域里的竞争，可能是争夺用户的时间和注意力的竞争。因为随着科技的发展，未来一切都可能是丰裕的。电影院、咖啡馆、KTV、出版社、培训机构、旅游公司，可能都是在争夺同一批用户的时间和注意力，那将是同场竞争，而不仅是同行业竞争。如何争夺用户的时间和注意力将会是未来广告需要思考的一个方向。

最后，在本节结束时，留一道课后题给管理者们：请看看你们家电梯里的广告是怎么运用广告的六种套路的。

六、增长才是硬道理

因为工作原因，笔者有时会参访不同的企业，也许是职业习惯的原因，特别会留意许多公司墙上的各种文字。其中，有家企业的文化墙上的一句话让我印象特别深：

GROWTH IS A MINDSET

翻译过来的意思就是：增长就是信念。

这句话太棒了！

没有业绩增长，之前所谈的经营、战略、品牌建设、渠道渗透、广告投放、促销开展统统是无效的！所有这一切最后的落脚点还是要回到业绩增长上。

增长是验证我们所做的一切是否正确最好的试金石，增长是公司的永动机。

当然我们这里说的增长是指保持合适的增长速度，以便更好地持续发展。因为快速增长往往会紧接着快速衰落。公司不要只有"不景气对策"，还要有"景气对策"。如果公司突然飞速发展，领导人一定要警惕，是外部环境一时的变化，还是自身的实力真正达到了可以快速发展的阶段。

一家企业为什么需要增长？逻辑非常简单，主要有以下三点原因：

第一，增长是王道，增长是希望。除了应对股东对于投资回报的要求外，对于一个公司来讲，最重要的是业务增长。公司业务不增长，对外说"我们文化很好、氛围很好”，没有人会相信你，也没人会愿意跟你干，因为你给不了对方对未来的期望。

第二，员工薪水要涨（战胜 CPI 是一重要原因）、各类社保要涨、原材料要涨、各种费用要涨，没有增长，这些通通是无源之水。

第三，增长是解决问题最好的良药。当公司不增长时到处充满着矛盾，各种人和事都不顺眼。但如果公司在高速成长，你会发现这一切都不重要，因为公司快速成长时足以解决过程中所有各种各样人与事的问题！

那么业绩增长从哪里来？

对不同行业来说，答案可能都会不一样。但如果一定要找到各行业增长底层逻辑，我们可以用一个模型来阐述公司业绩增长的来源，如图 2-11 所示。

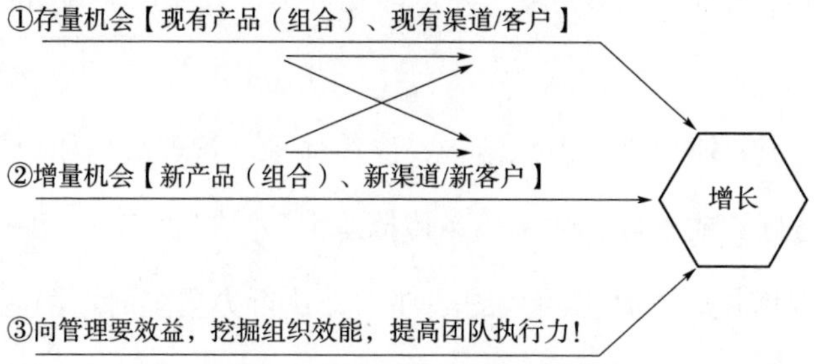

图 2-11　增长的三个思考维度

企业在确保自己产品及服务质量的同时，其业绩增长直接来源主要有：

第一是存量机会，指现有产品（组合）通过原有渠道的原有客户购买，或者开发新的渠道 / 客户带来的增长。这种增长主要源自企业的核心竞争力，它的好处是在逆境环境时，可以让企业熬得过去。因此对企业来说如何可以一边奔跑，一边构建核心竞争力变得非常关键。

第二是增量机会，指新产品（组合）通过原有渠道的原有客户购买，或者开发新的渠道 / 客户带来的增长。这种增长主要源自对于市场机会判断的增长，包括第二曲线（新产品）带来的增长，有时判断对了，“站在风口，猪都会飞起来”。

企业的增长在任何时候，都是上述两种因素在同时起作用，当然不同阶段，二者的影响程度不同。两个因素如何具体运用，“三新两改”可能是一个直观的表述，即新产品、新客户、新区域、改良产品、改良客户。

——案　　例——

十多年前，当甜味茶饮料仍占据中国茶饮料市场的主流，出于看好健康生活的趋势，农夫山泉就着手培育“东方树叶”的无糖茶。但几经磨难，曾一度被消费者称为“最难喝的饮料”。

然而，出于对未来趋势的判断和坚守，最近几年，终于守得云开见月明。公开数据显示：2020 年至 2023 年农夫山泉茶饮料业务收入分别为 30.88 亿元、45.79 亿元、69.05 亿元和 126.59 亿元，取得爆炸式增长。

当然，业绩增长还有一个间接来源，即挖掘组织效能，提高团队执行力，从而带来新的增长。

通过提升组织效能（优化组织结构、决策体系、管理流程和信息机制等），实现产品好、服务好、成本低、效率高、传播“准”“快”“广”，组织整体效能就会提升，就会实现增长。同时当团队的战斗力、执行力更强时，团队成员的执行标准就会更高，开发客户、客户成交的能力和意愿度都会更高，新的生意机会点的可能性就会更高。

组织效能以及团队执行力都可以为业绩增长带来机会，这也就是人们常说的“向管理要效益”。

许多人一听“向管理要效益”，立马就想到严抓考勤、管控员工，殊不知，组织效能、团队执行力才是“向管理要效益”的核心要素。

今天我们的部分企业仍还有可以向管理要效益的空间！

七、一张图从财务视角看公司如何创造价值

如果只能选择一个指标，我选净资产回报率（return on equity，ROE）。

——沃伦·巴菲特

二十几年前在厦大管理学院读 MBA 时，自认为收获最大的就是解决财务方面知识的问题，因为对于一名大学理工科毕业生而言，在没学习课程前，几乎是不理解财务相关专业术语的：什么是复式记账法、什么是“借方”、什么是“贷方”、什么是有借必有贷、什么是财务三大报表以及它们之间的钩稽关系，每当别人讲到这些时总觉得云里雾里的。直到学习完会计学、财务分析、公司理财等课程后，才弄明白它们到底指的是什么以及背后的逻辑关系。

即使这样，多年后经常看各上市公司的财务报表，仍然会觉得财务就像是一本神秘的故事书。

举个例子，“利润”这么重要的财务术语其实在现实中根本不存在，公司银行账户里没有任何一笔叫利润的钱，它只不过是一个统计后的财务数字而已。一个财务年度周期的利润有时就是 CEO 与 CFO 在办公室嘀嘀咕咕后，然后一起宣布公司今年的利润是多少，说句实话，换成另外一拨人，利润的那个数字可能就又不一样了。

在本章第三节战略研讨会“八问”输出中，其中第八问就是最后财务预测的数字是否能体现战略的实现。

那如何从财务的视角来判断一家公司是如何创造价值的呢？有一个很好理解的模型，如图 2-12 所示。

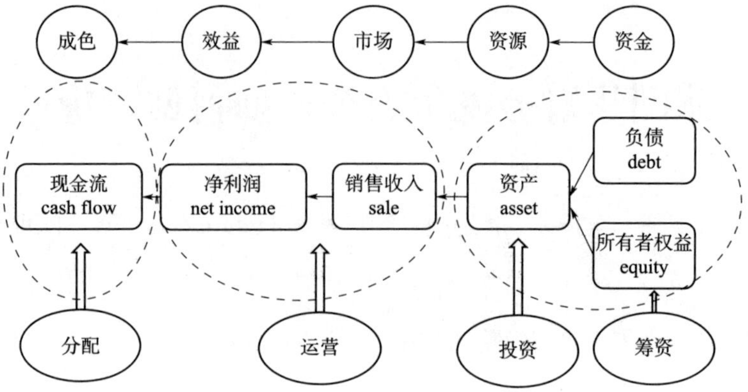

图 2-12　从财务视角看公司如何创造价值

在这个模型里，财务最重要的三张报表与公司的价值创造有机地联系起来，主要体现在三个方面。

第一，资产负债表就是筹资与投资活动。

资产负债表描述的是在某一特定时点，企业的资产、负债及所有者权益（或股东权益）的关系。它是了解企业财务结构最重要的利器。

人们常说的资产负债表会计公式：资产 = 负债 + 所有者权益

从图 2-12 可知，负债和所有者权益是一种筹资活动，表明了公司的资金来源就是两种，或者是所有者的投入（所有者权益），或者是借钱借入（负债）。

而把这些所筹到的资产再转化为现金、银行存款、工厂、店面、设备、货品、人工等各种形态资源，就是投资活动。

第二，运营产生利润，利润源于运营。

利润表解释企业在某段时间内财富（股东权益）如何因各种经济活动的影响发生变化。它是衡量企业经营绩效的最重要依据。

人们常说的利润表会计公式：收入 - 成本 - 费用 - 利息 - 税负 = 利润

把上述的投资活动在一定周期内的结果进行系统呈现就是利润表。一个企业的利润水平反映了企业经营的效果如何，一个企业的利润如果低于它的资金成本，就是对社会资源的浪费。因此，利润表经常会被用来衡量 CEO 们任期内的工作成绩，其性质类似于政绩工程报告。

如同本章第二节里所说，运营好财务周期，方能实现利润目标。而运营包括经营与管理两个过程：经营是公司生意的来源，更多指如何让公司多赚钱，比如实施什么样的战略决定了企业利润多少的问题；管理是公司的日常运作，更多指如何让公司少花钱，比如良好的管理可以让公司利润如何最大化的问题。

但许多公司在运营过程中走着走着走偏了方向，一切以结果（利润）为中心，倒推前面的收入与各种费用，而忘了如何在市场上更好帮助用户解决什么问题、提供用户什么独特的价值主张这个核心点，最后导致公司朝着困境越走越近！

《绩效致死》的作者鲍勃·卢茨，当年曾在通用、宝马、福特、克莱斯勒四家全球顶级汽车巨头担任高管。在书中，他提出下面的观点："通用汽车被一个巨大的陷阱给坑了，这个陷阱是什么呢？是企业一群职业高管们片面地注重数字分析，一直以财务报表驱动业务发展，用财务报表来进行管理，从而毁掉了美国的制造业和创新。"他认为：企业应该由业务主导，而不是由财务主导。

第三，现金流检验经营的成色。

当然，利润表的利润，不能只看数字的增长，更要看利润的质量。

开篇我们就说过，利润是神秘的。在股权激励的巨大刺激下（见本章第九节），有些上市公司的高管们集体开始魔术般地炮制利润行为：虚构收入、提前确认收入、转移费用、费用资本化、递延费用及推迟确认费用、少提资产减值准备、制造非经常性损益事项、潜亏挂账等。最著名的例子莫过于 2001 年的美国安然公司事件。

——案　例——

2001 年 1 月，一家有着良好声誉的投资机构领导吉姆·切欧斯公开对安然的盈利模式表示了怀疑。他指出，虽然安然的业务看起来很辉煌，但实际上赚不到什么钱，也没有人能够说清安然是怎么赚钱的。

随着越来越多人的质疑，美国证券交易委员会要求安然公司提交某些交易的细节内容，并最终于 10 月 31 日开始对安然及其合伙公司进行正式调查。11 月 8 日，安然被迫承认做了假账，虚报数字让人瞠目结舌：自1997年以来，安然虚报盈利共计近6亿美元。

2001年12月2日，安然正式向破产法院申请破产保护，破产清单中所列资产高达498亿美元，成为美国历史上最大的破产企业。

安然公司的破产，还连带当时位列世界第一的会计师事务所安达信的倒闭，因为作为安然公司财务报告的审计者，既没审计出安然虚报利润，也没发现其巨额债务。

那么如何检验一家公司运营成果的“成色”——即利润表里净利润质量的高低？现金流量表起着重要的作用，它是帮助评估企业能否持续存活及竞争的得力工具。

现金流量表解释某特定期间内，组织的现金如何因经营活动、投资活动及筹资活动发生变化。

人们常说的净现金流量会计公式：现金流入－现金流出＝净现金流量

有时当你关注财经新闻，常常会发现一个很有意思的事情：有的公司，明明利润表显示多年经营的净利润为正数，产品质量也不错，客户也没有丢失，但它破产了。原因很简单，因为这些公司经营活动产生的现金流量远远小于利润表上的账面利润，已经没有足够的现金偿还到期债务了。

对企业来说，现金生死攸关：利润亏损，企业尚可生存，但现金断流，企业将岌岌可危。现金流比利润重要10倍。沃伦·巴菲特曾有一个形象的比喻：现金流是氧气。他的意思是利润亏损的企业在短时间内不会死亡，但现金流断裂的企业会立刻死亡。利润只是观点，现金流才是本质。

经营活动现金流可以检验公司运营的成色（即净利润的质量高低）。如果企业一味只关注利润，过多的库存、应收账款会耗尽现金，当企业的经营活动现金流远远小于净利润，那么利润只能留在报表的数字里，那就说明公司运营质量不高。如果企业的经营活动现金流大于净利润，就说明公司运营的含金量较高。

而投资、融资活动现金流量的变化，则反映了公司管理层对公司前景的信心与看法。由投资活动现金可推测公司的成长机会。高度成长且对未来乐观的公司，往往会将营运活动带来的现金再全数投资，甚至它的投资金额会超过营运活动现金的净流入，使公司必须以融资方式支应。

如果说经营活动现金流是“造血”，投资活动现金流就是“献血”，那么筹资活动现金流就是“输血”。对企业来说，要特别关注自身的“造血”功能，这样才是可持续的。如果自身“造血”功能不足，且没有外部“输血”时（主要指股东增资，而不是借款，特别是高利贷），就不要不顾自身安危胡乱地“献血”（投资）。

如果把经营企业比喻为一辆行驶在高速公路的大巴，那么经营者相当于司机，而财务的数据则相当于司机前面的重要仪表盘，司机要随时关注仪表盘上的各种数据，确保车辆又快又稳地往前行。通用电气前首席执行官杰克·韦尔奇曾说，“只要盯住三项指标，你就能几乎全盘掌握自家公司的整体表现，它们是：员工敬业度、客户满意度和现金流。”

约翰·洛克菲勒曾说：“并不是每一个对数字敏感的人都会成为优秀的领导，但是，优秀的领导会牢牢把握企业的数字。相反，使企业倒闭的经营者几乎都是数字盲。”

公司的运营可以从不同的视角来看，财务不只是财务部的财务，还是企业的财务，是商业的财务，因为所有企业的商业行为最终都会体现在成本（钱）上，只有让钱这个企业运营过程中的血液按一定的秩序有序进行，企业才会产生效益，方能让战略转化成为结果、让愿景变成承诺、使命变成行动！

八、供应链牛尾效应的启示

笔者参加过各种系列的管理培训，关于公司供应链运营部分印象最深的就是啤酒游戏活动。

啤酒游戏活动是沙盘游戏的一种，是 20 世纪 60 年代，MIT 的斯隆管理学院发展出来的一种类似“大富翁”的策略游戏。这个活动以啤酒的生产销售链条为模拟，让参与者扮演其中的几个角色：零售商（或小卖部等）、批发商（或叫分销商等）、制造商（或叫造酒厂等）、供应商。通过啤酒供需之间的影响过程，体现一个供应链系统的内在运行规律。

通过游戏活动，你会发现只要在市场需求终端一个短时间的微小波动变化，就像多米诺骨牌一样传递到零售商、批发商、制造商上，这个需求变化会被无限连锁放大，只要中间环节越多，放大倍数就越大。到最后，整个供应链都会在一个较长时期内产生库存危机，然而事实上市场上的真正需求量并没有大的改变。但整个过程中每一个环节的参与者都在努力地扮演自己的角色：服务好客户、产品平稳流通、避免问题。如图 2-13 所示。

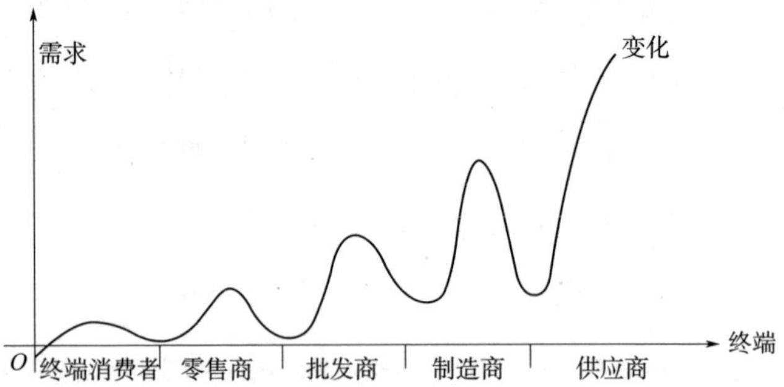

图 2-13　牛尾效应

整个放大的过程，就被称为供应链的“牛尾效应”。它是各行各业供应链的普遍现象，越是上游的供应者，承受着越大订单量的变化，对成本和效率的冲击也就越大。

“牛尾效应”对于公司运营的启示主要有两个方面：

第一，我们以为在为公司做正确的事，但往往事与愿违，每个环节都想建立安全库存以更好地满足客户需求，所以需求就被每个环节向上游不断放大。

事实上，大部分行业的订单批量和需求都不一定变化很大，如果把时间轴拉长，你会发现，其实需求很稳定，即使有季节性、事件性、成长性这些因素，它的波动和供应链最上游所面临的需求波动相比，简直不可同日而语。那怎么办呢？

跳出本我的岗位（公司）看需求，与下游客户了解订单与实际需求的差异量，这个差异量所根据的假设有没有必要性？能不能以其他的方式来补偿？有没有可能将一个大批量单交期的订单，变成小批量多交期的订单？可否一起计算平滑订单后对成本降低的影响，甚至彼此分享这个果实？最终找到新的双赢解决方案，从而让“牛尾效应”的摆动幅度不会过大。同时“己所不欲，勿施于人”，运用同理心与上游供货商沟通，不能只顾自己的安全库存，而不管上游供货商的死活。要知道，长期有效合作是可以降低彼此成本的。

当然，说句实话，要做到这点挺难的，光在本公司里生产与销售部门的协调就够复杂了，更别提上下游之间的沟通与信息透明了。

这就是为什么“牛尾效应”仍是今天各行业里供应链普遍存在的现象。

第二，根据“牛尾效应”，为了满足前端的需求，供应商不得不囤积各种成品或原料，而大量库存积压势必导致各类成本大幅增长，一旦前端需求减少，整个市场价格就会大跌，导致收入骤减。两种因素叠加一起，资产的流动性就会变慢。

而在经济下行期时，最重要的就是资产的流动性。谁的流动性好，谁就有可能最后活下来，并且在经济开始复苏时，收获那些无法生存的企业的市场份额。

从这个意义上说，各个企业的供应链部门，不仅只是控制成本和确保供应而已，而是以完成客户需求的销量最大化为目标，通过各部门的运作协同，以最大限度减少停滞在供应链内部的各种原辅料、备件、存货的各类流动资产，提高公司运营的赚钱能力！

打破供应链把库存当护身符的固有思维，站在公司运营角度看问题，方能发挥企业供应链最大的价值。

九、现货与期货：另一视角下的员工绩效与激励

1. 现货绩效与期货激励

市面上但凡关于管理的书籍，几乎都会涉及绩效与激励的话题，关于管理者交付结果的两个过程，如图 2-14 所示。

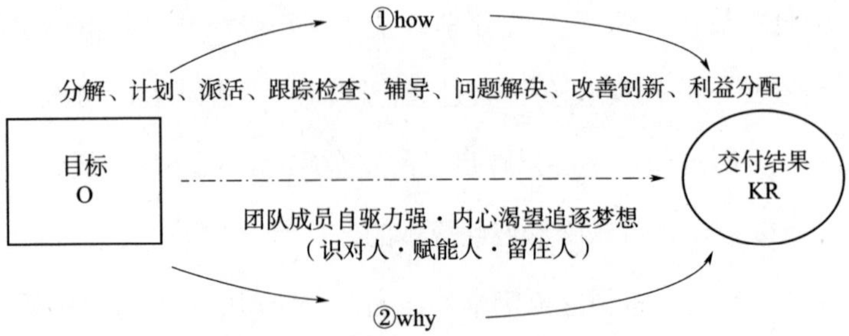

图 2-14　管理者交付结果的方法模型

如何做（how）重点说的是“事”层面，指的是完成事情的具体方法与步骤，包括：分解、计划、派活、跟踪检查、辅导、问题解决、改善创新、利益分配这八个步骤，这些步骤让员工按标准、流程保质保量完成对应的操作，也可以把它简称为“管理过程八步骤”。

这八个管理步骤在一个绩效周期里的不同时间有效运用，就是一个完整的绩效管理过程，而且最后一定要落到“利益分配”这个动作，否则团队就会出现“大锅饭”的现象，做好做坏一个样。“利益分配”要体现出多劳多得，贡献大的员工应分配得更多的原则。因此，在企业里的绩效奖惩机制里要体现向责任贡献大的单元倾斜；向主战单元倾斜；向关键岗位人才倾斜；向绩优贡献者倾斜。用华为的话来说，就是“以奋斗者为本”。

同时为了确保“力出一孔”“上下同欲”，企业还需要在组织机制的制度设计时做到“三个一致”。公司的战略关键点（真北指标）与绩效管理的目标占比权重保持一致；组织结构设计与业务管理保持一致，不要出现多重汇报线或者管理汇报线与交付结果线不一致的情况；各层上级与下级的绩效管理考核维度一致，不要出现上级主要考核出货量，而下级考核新客户开发的情况。

为什么做（why）重点说的是“人”层面，指的是如何让团队员工自驱力更强，愿意付出更多的能量从内心更渴望去追逐目标。在“人”这个层面，管理者可以从甄选、培育、赋能、留用等几个维度出发赋能员工、激活个体。关于如何激活个体可参阅赋能员工六角模型，如图 2-15 所示。

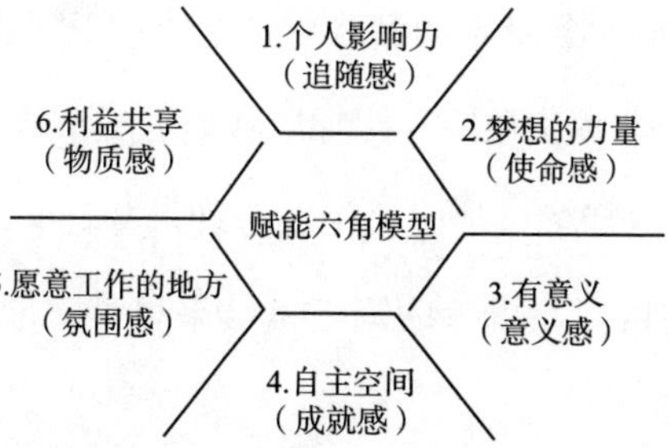

图 2-15 赋能员工六角模型

在这两个模型中，如何做（how）里的利益分配就是绩效的结果运用，它是回溯过往，是“看过去”，看已经做出的成绩以及应该得到的报酬，我们可以称之为“现货”，也可以称之为“薪”甘情愿。

而为什么做（why）里的赋能员工就是如何运用有效的激励方法，它更多是展望向前，是“看未来”，看未来价值创造后的兑现激励，特别是意义感里的改变社会价值排序以及物质感里的股权激励，我们可以称之为“期货”，因为还没有发生，但愿意追逐之，也可以称之为心甘情愿！

如果用一张图表示现货绩效与期货激励运用的话，大概如图 2-16 所示。

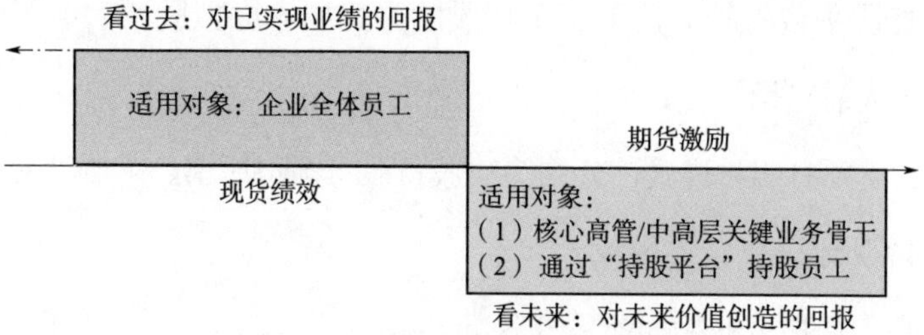

图 2-16 现货绩效与期货激励的运用

当公司现货绩效以及期货激励运用得当，利出一孔时，就可大大激发员工付出更多能量，从而达成公司业绩目标。

当然现实中，不同行业不同情景，企业对于“已实现业绩的回报”和“未来价值创造的回报”的着眼点不同，他们的运用方式也会不一样。

在相对发展稳定的传统型行业，诸如快消食品、钢铁、水电供应、原材料生产、农业等，高管和关键业务骨干的薪酬更多是倚重于现货绩效（固定薪水 / 绩效奖金 / 年终奖金等），而非期货激励（比如股权 / 期权等）。因此，如何设置高管和关键业务骨干的现货绩效指标，让它公平、合理，并且实现短期与长期利益平衡，是一个关键。如何设定目标，可参阅笔者《结果思维赋能：写给管理者的 6 个锦囊》第二章第二节内容。

而对于许多新兴科技、互联网、创新型行业里，企业高速增长或是准备 IPO 阶段，市场对于企业的估值主要来自“未来预期”，此时高管和关键业务骨干的期货激励（股权 / 期权）就会显得特别关键，它会成为高管和关键业务骨干薪酬设计中重要的一部分，也体现了人力资源薪酬战略与公司战略一致性的原则。

2. 期货之股权激励

在期货激励中，除了像“你未来得到的不是一套这样的房子，而是五十套这样的房子”的这种激励方式外，股权激励是当下公司运用最多的一种期货激励方式。

股权激励是平衡核心管理层和股东利益一致化和最大化的长效工具，可以激发企业快速成长，达成长期战略目标；也是公司吸引、保留核心人才的有力武器。对于通过“持股平台”较大范围员工持股的方式或者虚拟股票，则可以激励员工的归属感和主人翁意识。

股权激励主要有四种模式，分别为实股持股、虚拟股票、限制性股票、股票期权，如图 2-17 所示。

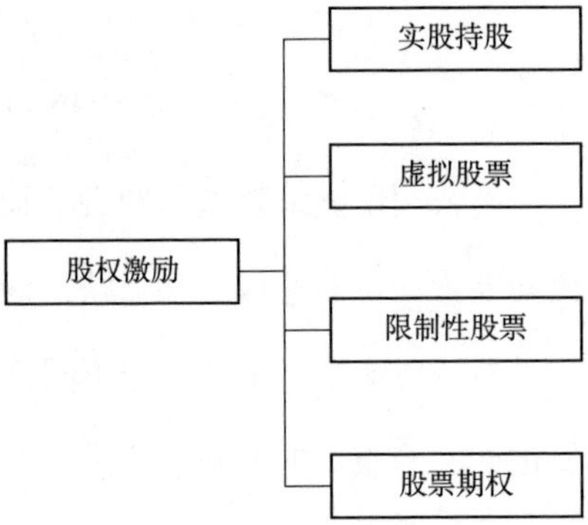

图 2-17　股权激励的四种模式

实股持股，是指企业的原有股东决定将其一部分股权转让给员工（新加入的股东），或者通过增资扩股的方式吸收新股东的方式实现。这些股权需要按操作流程进行工商登记注册。在企业未上市之前，一般不建议使用实股持股的方式来激励团队，因为不够灵活：一方面缺乏合理的解锁条件，另一方面可能会发生被激励员工“看走眼”的情况，到时要退出也会比较复杂。故企业在股改之前，建议通过“持股平台”让员工间接持股。

虚拟股票，是指按照公司内部协议无偿赠予某些员工或者员工通过支付一定对价的方式使员工取得虚拟股权（大多情况下是赠予员工虚股），不用进行工商登记注册。虚拟股权并不是一种完全的股权，而是被剥夺一部分权利的股权，比如没有所有权、表决权、分配权等，只有知情权、分红收益权、溢价增值权等，这些权在某些情况下以及员工离职时会自动失效。比如华为股权激励方法—员工持股计划持的就是虚拟股票。据网上查找的数据，华为参与员工持股计划的员工拥有华为 99.06% 的股权，而任正非的个人股权比例只有 0.94%。

3. 限制性股票

无论是限制性股票还是股票期权，在满足条件解禁之后都会成为真正的“实股”，是法律上承认的股东和相应的权利。

限制性股票是指上市公司按股权激励计划，约定限制条件授予员工一定数量本公司的流通股票。员工要最终获得相应股票并通过出售股票获得收益，必须满足特定的工作年限或业绩目标符合股权激励的解锁条件。具体方式如图 2-18 所示。

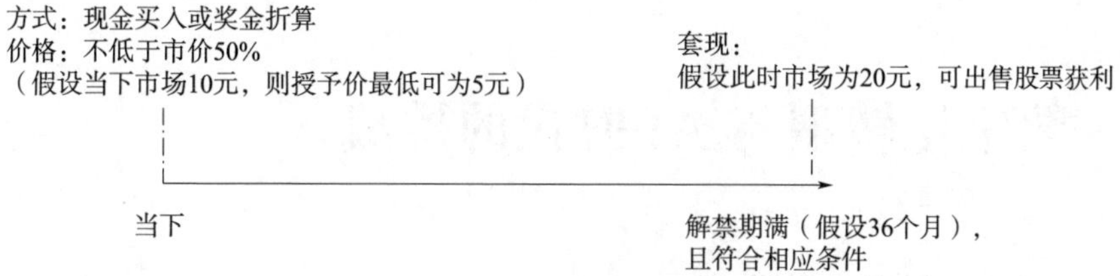

图 2-18　限制性股票

4. 股票期权

和限制性股票不同，期权更多是一种“选择权”，即上市公司的被授予对象（高管、关键业务骨干）可以不用现金买入，而是拥有一项按公司股权激励计划约定条件中约定的价格购买公司股票的权利，员工在未来特定时间内（解禁后、有效期内）可以选择买（行使这个权利）或不买（放弃行使这个权利），具体方式如图2-19所示。

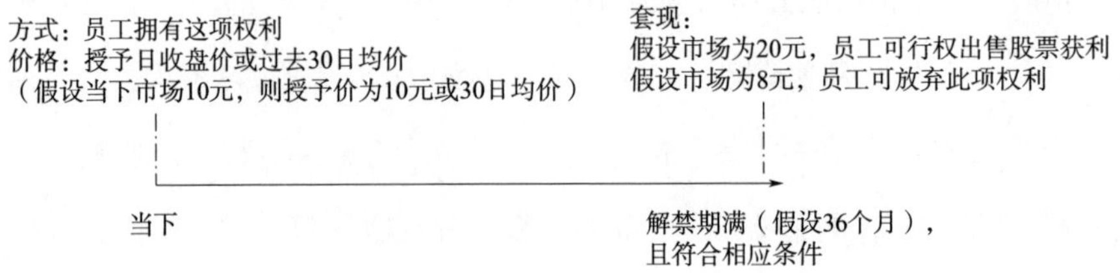

图2-19　股票期权

总结，对于高管、关键业务骨干、员工，除了付出劳动应得的薪酬外（现货绩效），如果还能有恰当形式的股权激励（期货激励），这种机制将能够激发员工的激情、潜力、能量，更愿意与公司结成利益共同体，从而提高公司的生产力并创造更大的股东价值。毕竟对于员工，不为五斗米折腰，但二百斗还是可以的！

当然，对于公司来说，如何结合公司使命、愿景、战略、组织、文化特点，找到匹配的、恰当的股权激励方式，用好这把双刃剑，既驱动高管、关键业务骨干、员工的积极性，平衡短期利益（现货绩效）与长期利益（股权激励）关系，又把控住风险，这是一个挑战。

管理有时被称为艺术，就是中庸之道，找到那个度，过犹不及！

十、数字化转型与AI时代的挑战

1. 数字化转型常见误区

作为一名自封的企业学者（在企业工作，愿意在相关领域表达思想、提出个人见解的人），笔者也在思考这几年商业的潮流趋势，其中数字化转型就是其中之一。有人说，在数字化时代，不推进企业数字化转型相当于“等死”，没想清楚就跟风或冒进是“找死”。于是很多企业在这两者之间纠结。

在谈论这个话题之前，我们先回答“企业存在的意义”这个使命话题，就如本章第三节所说，使命回答了我是谁，我从哪里来。这家企业对社会、客户、消费者有什么意义？可以帮助解决什么问题？可以提供什么独特价值？或者是更极致的灵魂拷问：“如果我们不幸消亡，社会是否会因此若有所失？”

因此，企业存在的意义就是通过资源的有机配置来帮助用户解决问题，提供独特价值。从这个角度出发，如果数字化转型可以帮助公司更好地进行资源配置，从而更好地满足用户需求，那么它就是有价值的、就是可行的；否则就是跟风，就是形式主义。比如有的公司数字化转型只是看大厅里放了多少块数字大屏（相信我，不会有多少人去关注的），公司里各种报表的可视化界面是否漂亮（微软的 Power BI 大行其道），是否放了一个机器人送物品，那么其数字化转型大概率是变了味道的。

数字化转型真正应该思考、审视的是：公司核心业务是否因为数字化转型而变得更加敏捷；公司的核心业务指标到底有没有因为数字化转型而提升。这些才是重点和关键。数字化转型的本质应该是以用户为中心、基于业务痛点和应用场景选择合适的数据化技术，从而助力公司业务可持续增长。

以下是企业一些常见的数字化转型误区。

（1）定位过高：数字化转型是为了更好地配置资源，而不是跟风、随大流，有些行业的企业甚至过高地把数字化转型放到顶层设计层面，为了数字化而数字化，投入大量的资源和人力，无限花钱浪费资源，反而忽略和影响主业的开展。

（2）目的不明：企业可能在没有明确转型目标和规划的情况下，受到外部压力（如国家产业政策推动、商业潮流左右）或者专家的建议，盲目开始数字化转型，为了数字化而数字化，导致效果不理想。

（3）过于技术：企业可能过于关注技术本身，而忽略了数字化转型的真正目的是业务创新和提升内部运营效率，忘记了技术是手段而非目的。同时将数字化等同于信息化，忽视了数字化工作的核心是数据价值的挖掘和利用。

（4）缺乏统筹：数字化转型缺乏统筹规划和长效机制，导致不同部门和团队的数字化活动无法形成合力，最终无法有效整合公司资源。

（5）人的因素：数字化转型不仅仅是技术系统的升级，还包括人的思想、行为以及利益和权力的调整。如果忽略了人的因素，转型可能会遇到阻力。

实话实说，当下对绝大部分企业来说，将资源（精力、资金、各种资源）聚焦于自身战略路径选择以提高效率，是最核心的方向。数字化转型是提升企业生产效率的一种有效方法。当然，数字化转型如何做、做到什么程度，要看行业具体情况、竞争对手的情况、企业目前的发展瓶颈以及企业未来的发展规划，这样才能得出最适合自身的数字化转型路径，切勿盲目跟风，为数字化而数字化。

2. AI时代的挑战

据媒体报道，2022年12月初，人工智能实验室OpenAI发布了一款名为ChatGPT的自然语言生成式模型，由于它能接住并解答网友的许多刁钻问题，一经问世就迅速引发关注，上线5天后，其体验用户已经突破100万。12月4日，埃隆·马斯克在咨询该聊天机器人关于推特经营的建议并收到精准回复后直言其“好得吓人，我们距离强大到危险的人工智能更近了”。而且据说，ChatGPT在模拟律师考试中的得分能够排进前10%。

到2024年时，涌现出一批新的AI大模型：文字生成视频的Sora（将文字生成视频，长度突破1分钟，还支持图片生成视频、视频扩展、多角度镜头等）、支持200万字长文本处理的Kimi，以及文字生成音频的新星——Suno（V3音乐生成模型，只需几秒，即可生成2分钟动听的音频）。还有比如国内华为的盘古、百度的文心一言、字节跳动的豆包以及2025年初火热的DeepSeek等，这些大模型正在重构内容产业秩序。

人们把以ChatGPT为代表的智慧涌现称为人工智能的第四次浪潮。前三次分别是：

1970年第一次浪潮，标志性事件：第一款人工智能软件（Logic Theorist）；

1990 年第二次浪潮，标志性事件：第五代计算机兴起；

2016 年第三次浪潮，标志性事件：AlphaGo 围棋胜过人类；

2022 年第四次浪潮，标志性事件：ChatGPT 智慧涌现。

人工智能主要由三个要素组成：

第一，数据。是指所有能输入计算机系统，并能被计算机程序处理的符号介质的总称。今天，移动互联网、物联网、5G 等多种新兴数字技术产业快速发展，数据总量呈现爆发式海量增长。

第二，算法。是用系统的方法描述解决问题的策略机制，是解决问题的一系列清晰指令，包括机器学习、深度学习、强化学习、深度强化学习，无监督学习的算法类型，如基于视觉、触觉传感的迁移学习、变分自动编码器（VAE）和生成对抗网络（GAN）等新兴学习算法。

第三，算力。是指设备的计算能力。ASIC、FPGA 等计算单元类别以替代 GPU 芯片为主要硬件承载。

今天，人工智能（AI）已从科技的前沿概念转变为深入各行各业的关键技术，对个人生活、工作模式乃至全球经济产生了深远影响，企业也不例外，那怎么办呢？历史告诉我们，时代总是在前行，科技总是在发展。AI 不是“洪水猛兽”，不用惊慌、无须迷茫，企业仍需要从所有问题的核心本质出发：提供价值创造，帮助解决用户问题及需求。

今天“衣食住行乐教健”这几大人类的需求仍然在那里。企业要做的是：不忘初心、牢记使命，保持自己的核心竞争力。过程中保持变革和前瞻性思维，不排斥新事物，主动接纳、拥抱、顺应 AI 带来的变化，对产业边界保持敏感并积极探索其中蕴含的机遇和在企业里的场景应用，尝试运用 AI 来提高资源配置的可能，提升组织的竞争力，更好地为用户解决问题，这方是立身之本。

要知道，知识能靠网络搜索获取或 AI 回答，技能可能会被机器人取代，唯有人的认知——这种抽象的洞察能力，是永远无法被 AI 取代的。

十一、总结：公司的本质

按网络搜索的定义，公司是依法设立，以营利为目的，独立承担民事责任的从事生产或服务性业务的经济实体，分有限责任公司和股份有限公司。

《公司的力量》一书中曾谈到，国家和社会只需要提供一个公平竞争的市场环境，企业家除了法制与道德之外，没有其他的约束，通过自身的努力，不需顾及其他而让公司取得成功。

前面十节我们谈到公司运营几个主要的方面，那作为市场经济主体的公司其本质到底是什么？可以从三个层面来谈。

第一个层面：解决用户问题，满足需求，创造价值。

北大学者张维迎在《市场的逻辑》一书中，写道：所谓市场，就是好坏由别人说了算，而不是你自己说了算的制度。他认为市场的基本逻辑是：如果一个人想得到幸福，他必须首先使别人幸福，利己先利人。

其实这也就是公司的本质，即提供能解决用户问题的产品，满足需求，为用户创造价值。原因也很简单：员工要领工资，股东要收到回报，给企业钱的是用户。企业所有的改变，都应是为用户而变；企业所有的动作都是为用户而战，或者说是为提升用户价值而战。比如电商的崛起，一方面满足了人们在家购物的便利性，另一方面契合了顾客追求高性价比产品的心理；比如苹果手机把用户体验做到简单极致；比如平台“算法”无孔不入，帮助用户节约能量获得他们需要的信息。

在本章第一节，我们谈到从经营到管理，盈利（利润）虽为公司的目的，但其实它是一个自然的结果，是帮助解决用户问题后应该得到的回报。但许多公司一开始就颠倒了原因和结果的关系，认为开公司就是为了赚钱，这是本末倒置的想法。正确的做法是：企业能解决多大的社会问题，就能获得对应可持续增长的机会，从而获得应有的报酬。

彼德·德鲁克曾说，“利润是做对了事情的结果，而不是追求的对象。”不能为他人创造价值的企业，势必在商业竞争中被淘汰。

为他人创造价值是公司存在的意义与理由，也是公司的使命。聚焦初心，坚守定力，那就是耐得住寂寞、经得起诱惑。“深淘滩、低作堰”，十年如一日地坚持。

从另一角度来说，对于公司，但凡能做好一件产品，为啥还要做很多做不好的东西呢？企业经营的本质，表面上是追求业务快速增长，背后的本质是如何更好地帮助用户解决问题。企业管理的本质，表面上是计划组织领导控制，背后的本质是如何让员工付出更多能量交付结果。

第二个层面：更快、更高、更强。

市场是自由竞争的，光有帮助解决用户问题的初心是远远不够的，还需要在过程中关注效率问题，谁在市场中的效率更高，就可以更好地帮助用户解决问题，用户越来越多，交付越来越好，规模就越来越大，利润越来越高，从而帮助企业越走越远，《从优秀到卓越》作者柯林斯称其为“飞轮效应”。而这正是奥林匹克“更快、更高、更强”精神的体现。

所谓的“好公司”不是单纯利润导向的公司，而是那些知道要做对的事情（或者说，知道什么样的事情不该做），然后追求高效率把事情（也就是价值链）做对的公司。

匹配的组织设计、敏捷的制度与流程、信任的企业文化、流畅的部门沟通、良将如潮、产品独特新颖满足需求、第二曲线第三曲线产品的后备、品牌入心智、渠道渗手中、产品供应高效、最新生产力的工具引入、数字化系统与平台顺畅，这都是一家公司效率高的最好展现。只有更高的效率，企业才能在竞争激烈的商业领域里有竞争力，比竞争对手做得更好，从而走得更远。

——案　例——

我的老家在福建西部农村，小时候山上长满了竹子，当时有眼光和商业头脑的人马上嗅到商机：把竹子做成筷子。那时原材料几近免费，人工成本极低，产品可以销向全国，这些人很快成为当时乡里先富起来的人，最先盖起了楼房，最早安装上电话，常年都是在外跑生意，只有过年时家里高朋满座、人来人往。

然而没过几年，他们在老家的时间慢慢就多起来了，有一次父亲在家里招待宾客，随口就问一位客人，最近的筷子生意怎么样了。我至今印象很深的一句回答就是，“其他地方的人都用上了机器，价格更便宜，生意没法做了。”

当然，规模有时是一把双刃剑，规模往往会带来更低的成本，但规模的扩大同时也会带来管理成本的增加，并容易造成大公司病（本章第二节内容）。

《人生算法》作者喻颖正对企业规模有一个看法，他说：所有规模的企业，本质上都做到了三件事的统一。第一，认知半径尽可能地宽；第二，能力半径要尽可能地明确；第三，行动半径要尽可能地小。规模本质上不是能力强的结果，而是一个简单的动作大量重复的结果。

第三个层面：按规律办事。

守正出奇这个成语是指恪守正义，出奇制胜。源自《孙子兵法》中的“凡战者，以正合，以奇胜”，其中“守正”代表遵循事物发展的客观规律和基本原则，恪守正义和道德准则；“出奇”则意味着在遵循基本原则的基础上，勇于创新和突破常规，关键在于灵活运用策略和智慧。

但人们常说“守正出奇”时脑子里更多想的是“出奇制胜”“弯道超车”“一招致胜”等，而且最好一劳永逸地解决问题，但最后往往都是得不偿失，有时甚至连本都丢了。

不要忘记，“出奇”是在遵循基本原则上，勇于创新和突破。没有遵循基本原则和按规律办事的“出奇”往往不会有好的结果。

当下人们一直习惯用成功而不是用快乐来定义自己的人生意义。其实公司也一样，许多公司只是用数字来概括自己的价值（利润、收入、市场份额），而不是正确的价值观，像这类公司，最后的结局一定是“眼看他起高楼，眼看他宴宾客，眼看他楼塌了”。

正直和诚信，一定是世界上所有伟大企业的共性，当然也是出问题时的企业最大“漏斗”。在世界上能够站稳脚跟，能够真正做大做强的一定是严格按规律办事的企业。这就如同只有九段棋手才能下出职业九段的围棋来一样的道理。

管理是一门科学，既然是科学就有其规律，按规律办事就是科学管理。然而今天有些企业的领导不喜欢按规律办事，而喜欢波澜壮阔、喜欢力挽狂澜、喜欢各种仪式感和形式主义。彼得·德鲁克就曾说过：真正卓越的企业，往往是波澜不惊、乏味和枯燥的。

不要为了追求短期利益而“出奇”，企业赚了不该赚的钱，会伤害企业未来的发展。企业应该有利润之上的追求，利润之上的追求指的是把消费者需求放在公司利益导向前面。

今天网上有许多人教别人赚钱，说赚钱的模式有许多种，比如产品利润、做差价、管理费、加盟费、代理费、资金沉淀、粉丝经济、私域流量池等，好像只要用好其中一种就可以赚钱。差矣，如果不能解决用户问题，不能提供独特的价值主张，上述说的通通只是“术”而已，它不会持久的。

另外，企业按规律办事，还体现在按商业领域的周期顺应而为，任何公司都是时代下的产物，顺着周期来运营生意才会越来越好，而不是逆势而为之。

经营公司和投资一样，少犯错很重要。所谓少犯错不是什么都不做，那叫裹足不前。少犯错是通过坚持做对的事情来实现。而所谓坚持做对的事情是按规律办事，过程中发现是错的事情就马上停止，不管多大的代价都会是最小的代价。

总之，商业的本质总结成一句话就是：按规律办事，更快、更高、更强地解决用户问题，满足需求，创造价值。

第三章

锦囊3：职场 ABC

一、认知升维：旧观念松动，才有新机会

1. 从“信息差”到“认知差”

“信息差”——你知道的，别人不知道。

比如，你知道哪里有产品、哪里有渠道、哪里买更便宜等，而别人不知道。那么，你就可以通过“信息差”赚到钱。举个例子，早些年信息不像如今这么便捷时，许多人到义乌批发各种小商品回来卖，就可以赚到盆满钵满。再比如，以前家长、老师、领导好像总比孩子、学生、下属掌握更多人信息，这也是信息差的原因。

然而，互联网的出现把“信息差”的价值大大地压缩了，许多信息随便上网搜一搜，比一比，就一目了然（当然，由于搜索引擎被过度商业化，许多虚假广告 / 信息会通过付费竞价排名而被推送到榜首位置，请读者朋友们认真鉴别）。

此时，“认知差”就会显得特别关键。

“认知差”，就是你看问题的视野和角度与别人不一样，总是能快速抓住问题的关键。同样的事物，普通人观察表象，优秀者洞察本质。

“认知差”里势能越高的人，对于人生的领悟会越透彻，掌握世间的规律会越深刻。

今天，社会上的绝大多数人是依靠以下这三种方式赚钱，如图 3-1 所示。

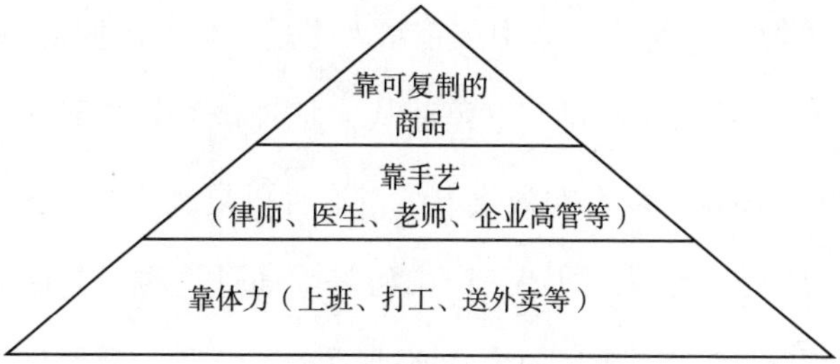

图 3-1　社会上赚钱的三种主要方式

第一种方式是靠体力赚钱，工作一天拿一天的钱，比如在工厂流水线上工作，比如各种形式的销售，比如送外卖。这种方式最大的问题就是他的体力会随着年龄的增长而衰减。

第二种方式是靠手艺赚钱，手艺没有八年十载的练习是很难掌握的（包括从高中到大学到工作几年的锻炼），前面说的掌握信息差某种意义上讲也是一种手艺。

这种方式有个特点，那就是技术会随着时间的推移更加炉火纯青，会越来越值钱，而且是“越老越吃香”。比如律师、医生、老师、会计师、咨询师、设计师、企业高管等。他们在这些行业深耕的时间越长，收获会越多，这些收获可能是工作经验、可能是行业人际资源，也可能是行业声望。

但前面两种方式最大的问题就是时间永远是有限的。简单做一道数学题：一个孩子22岁大学毕业，假设60岁退休，他工作的时间只有38年，约计13 870天，扣除节假日双休日、谈恋爱结婚生孩子、生病以及家庭琐事等，其创造财富的时间大约就只有一万天。假设按前面两种方式每天赚200元到1 000元不等，那么大多数人这一生创造的财富极限就是200万到1 000万之间，这里还要包含买房、教育、医疗以及日常生活等开销。

而且大多数情况下，一个人一个时段只能为一家公司服务，那么定义自身价值的也就那么少数几个人（你的领导们），有时这个定义还有点不那么公平合理，那怎么办？这就需要努力实现下面说的第三种方式。

第三种方式是靠可复制的商品（产品或技能）赚钱。这包括投资生产线源源不断地生产同样的商品（这是为什么中国首富大多是企业家的原因）；包括你不能讲一万小时的课，但你可以在移动互联网时代，把课录制好放到线上售卖，可以同时卖10万份，此时你就可以有额外收入了。这种可复制的商品还可以包括各种影像作品、图书、唱片、代码、固定资产出租等，通过这种可复制的商品（因为复制成本极低）把自己的劳动成果放大成千上万倍。此时，评价你的不再是寥寥几个人，而是社会上成千上万的人，提供的价值越大，需要的人越多，你获得的回报就越丰厚。

在今天的社会里，人与人之间最大的差别，是人永远赚不到超出自己认知范围之外的钱。财富是对认知的补偿，而不是对勤奋的奖赏。人与人之间的竞争，不再是努力程度的较量，更多的是对事情的理解力、洞察力以及认知力的较量。

世界上最难的是两件事：一是把别人的钱装入自己的口袋，二是把自己的思想装入别人的脑袋。只有“认知差”的势能越大，才越能把思想装入别人的脑袋，才越容易把别人的钱装入自己的口袋。

管理者如何提升自我的“认知差”？这也是本书重点想谈的话题，它们包括：百年管理史、公司运营MBA知识、职场规律、各种元技能、良好的人文哲科素养、平时大量的阅读、精彩世界的行路、精力管理等，这些都是帮助管理者占领自我“认知制高点”的有效方法。

我们常说有些人“见过大世面”，其实真正见过大世面的人，不是进去过多少次最高级的餐厅，也不是周游过世界多少次，而是这个人的认知较高，可以快速领悟到这个社会的真相和相关领域的底层规律，因此让自己从容淡定、自若坦然、谈吐有趣。

2. 问题的答案，往往在更高的维度中

有这么一个故事：“上小学时，我们都爱看《西游记》，大家都说唐僧袈裟是黑色的，有个同学特别犟，非说是红色的，气得班里的一群人打了他一顿，后来他哭着把我们带到他家里，我们才赫然发现，这个世界上原来还有彩色电视机这个东西。”

我们每一个人都是通过“眼、耳、鼻、舌、身、意”来感受这个世界，虽然有一个真实的世界存在，但每一个人感受到的只是自己认知地图里的世界，每一个人大脑中既有的看法、想法，已然存在的观念或立场，都是无数他过去生活经验当中的偏好与选择的结果，并且他只会用这些观念和立场来解释发生在他周围世界所发生的所有事情。

在社会上，你会发现有一个有趣的现象：知识越贫乏的人，有时越是拥有一种莫名奇怪的勇气和自豪感。因为知识越贫乏，他所相信的东西就越绝对，因为他根本没有听过与此相对立的观点。

同时我们每一个感受到的世界是有局限的，一个人永远无法理解认知世界外的东西。故常言道：时间局限，夏虫不可语冰；空间局限，井蛙不可语海；物理局限，盲人不可语光；三观局限，俗侩不可语道。

那么，认知维度对管理者的启发就是：想真正把问题看透彻，必须升级到新一个认知维度和更高的格局中看问题。

举几个例子：

如果一位管理者想提高写作或者公众演讲的能力，最好的方法不是拼命去练那些写作方法以及演讲技巧，而是去扩大自我的认知范围以及提高自身逻辑认知，因为思想比技能高一个维度。

如果一位公司品牌经理要提高自己的营销能力，最好的方法不是去学习各种短视频以及 AI 技巧，而是去提高自我的公司运营知识如战略方面的学习，因为战略比营销高一个维度。

管理者自我的认知和格局高低，决定了他看问题的深度，而他看问题的深度，又决定了他解决问题的能力。认知的高度决定行动的高度，问题有多大，其实取决于一个人的世界有多大，茶杯里的风暴在浴缸中不值一提。

比如一位企业家：

如果他的眼睛只盯在当下，他关注的就是利润高低、头寸的多少、投资回报的好坏。

如果他把视野拉长到五年以上，他就能隐约感受到整个社会经济周期的波动。

如果他把视野拉长到十年到三十年，他就能看到人口结构的变化、技术进步的影响、社会风气的演变、经济格局的调整。

如果他把视野拉长到数百年到上千年，他就能看到人性的复杂、文化的形成与沉淀、宗教的兴起与衰落。

如果他把视野拉长到数万年至数百万年，他就能看到进化的脉络、气候的轮回、宇宙的万千。

你看，问题的答案，有时往往在更高的维度和格局中。

我们常说一个人格局很大时，大约指的是他的认知层次较高，能看到一般人看不到的东西。认知层次有个特点：从上往下看，一目了然，各种风景都在眼里；从下往上看，就仅能靠自己认知范围的想象去看风景。

这个世界最需要迭代的不是产品，而是人的认知。董事长关注产业，总裁关注行业，总经理关注企业，员工关注职业，一名总裁或董事长就该关注他们应该关注的事情。而且在职场里，管理者往往要站在比当下更高的位置去思考问题，这样得到的答案可能就会不一样。

另外，提升认知高效的办法，就是尽量多地涉猎不同领域的知识内容以及掌握逻辑思考方式和辩证看问题的方法。而涉猎不同领域的知识内容最好的方法就是学习各种模型，你会的模型越多，能解决的难题也就越多。

当然，认知和格局的修炼不见得都需要宏大叙事，小到吃饭买单，中到生意合作分利，大到人生选择都是认知和格局的“修炼场”。

认知决定选择，选择决定命运。

认知不同，不必争辩，三观不合，不必同行。

二、避免中年危机，找到自己的“生存缝隙”

古人云：“四十不惑。”意思是说，人到 40 岁以后，处事相对通达，没有什么困惑了。然而，当下对很多中年人而言，却才刚步入职场焦虑甚至职场危机中，一方面身体机能开始走下坡路，另一方面事业发展往往也遇到了瓶颈期，除了少数已经稳居公司高层的高管外，许多管理者都会担心自己成为裁员、降薪的首选人群，因为此时身上的技能很容易被更年轻的人替代，而且家里“上有老下有小”，这份失业的危机感不是一般的沉重。网上有人戏称，中年男人失业后，除了滴滴、外卖快递这“铁人三项”外，好像什么也做不了。

职场中的管理者如何避免中年危机呢？这里给大家提供两个建议：

第一，职场认知升维。

上一节我们提到，旧观念松动，才有新机会。职场里的准则是价值，而不是努力。因此职场领域第一条认知就是：个体要由“追求终身的就业”变为“追求终身的就业能力”。

不要再有端“铁饭碗”的思想，以为自己找到一份工作，或者稳定在一个岗位，从此就可以高枕无忧、一劳永逸。毫无疑问，今天职场里，基本上没有人可以确保自己端的是“铁饭碗”，因为变化是永恒的。

所谓的“铁饭碗”不是在一个地方吃一辈子饭，而是一辈子到哪里都有饭吃！一只站在树上的鸟儿，从来不会害怕树枝断裂，因为它相信的不是树枝，而是自己的翅膀。靠山山会倒，靠人人会跑。今天的每一位职场人都需要练就“不怕树枝断裂”的社会安身立命本领。只有先把自己变好，才能配得上这世间的一切美好。

第二，找到自己的“生存缝隙”。

前面第二章公司运营 MBA 里，我们谈到公司的战略是选择、是聚焦、是击穿。其实职场中的每个人同样需要选择、聚焦、击穿。

选择，其实就是找准定位，而找准定位就必须回到本质的问题：我是谁，能解决什么问题，能提供什么独特的价值主张。换一句通俗的话来说就是，你如何在这大千世界里找到自己的“生存缝隙”。

生存缝隙就是在选择职业时，要选择自己热爱、擅长的领域，哪怕它很小众，并不时髦，而且这个领域是可以长期坚持的，并且在这个领域是可以不断为他人 / 组织创造价值的。

一旦找到了自己的生存缝隙，就需要孜孜不倦地聚焦、击穿。集中力量，包括时间、精力、物力、财力，在这个领域里不断地“钻井”，持之以恒，乐此不疲，最好能做到一米宽、万米深。在生存缝隙上的长期主义是可以为我们的人生提供明确的方向和持续的动力。

生存缝隙里的高手，都会心无旁骛、百折不挠地做那些看似很笨却又很稳的事。他可以抓住细小的优势，积小胜为大胜，让每一个小胜都成为通向大胜的铺地砖，然后赢得一片自己的天地。

这个生存缝隙主要由三个要素组成：

第一，这个领域是自己心中喜欢的、热爱的，是自己魂牵梦绕、愿意倾注全部心力的，就算没人给你额外的好处，你也愿意把它做到极致的（也可以称为个人的“使命”）。热爱和热忱是一个人能坚持下去并做出成绩的基础，也是存在世上的动力源泉。一个人如果只是因为生存需要（薪水让自己活下去）而选择一份工作，按照人类进化 DNA 的底层逻辑，他一定是能不消耗能量就不消耗能量，能做 60 分绝不做 61 分；除非他发自内心的热爱，他才愿意付出额外的能量。这份热爱也意味着这个领域的工作是匹配自己核心价值观的，因为价值观认同，是可以在这个过程中感受到乐趣和获得满足感的。

宋代大词人苏东坡临终有遗言：着力即差。意思就是干成一件事情如果需要很拼命、很用力，大概率是有问题的。永远不要做你不喜欢的工作，你的一生中有三分之一的时间在工作，要让它成为一种享受。

第二，这个领域是自己擅长的，是可以把自己的核心竞争力（包括不断积累的各项能力和与生俱来的天赋）发挥得淋漓尽致的，而且与别人不一样（也可以称为个人的“天赋”）。所谓天赋，就是别人做起来费劲，但你却可以做得很容易，这过程还可以做到意念合一、精神聚焦。要知道，天赋是一个人可以超越他人的根本支撑，在一个领域里没有天赋的人只会趋于平庸。

第三，在这个生存缝隙里的成果和产品是可以不断为他人 / 组织解决问题（也可以称之为“价值”），满足别人需求的，乃至愿意为之买单的。这是一个人在社会上安身立命的基础。

用一张图来表示生存缝隙的这三个要素，如图 3-2 所示。

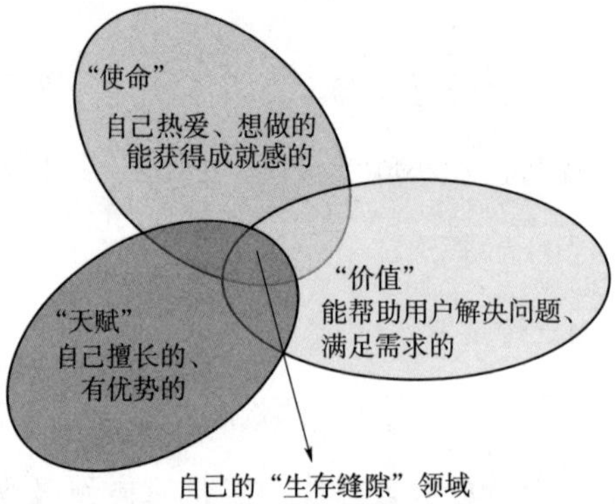

图 3-2　生存缝隙的三个要素

如果一个人在二十几岁就知道自己是谁，自己想干什么，自己能干什么，再加上社会的磨炼以及对商业的需求有深刻了解，大概率他会取得不错的成就。

然而职场上仍有许多人终其一生都不了解自己的生存缝隙，不知道自己才是一切的因，而一辈子碌碌无为是果。

古人云：赐子千金，不如教子一艺；万贯家财，不如一技在身。在针尖一样的地方，做到天下第一，是社会上每一个普通人用确定性的方法应对不确定的世界的唯一法宝。

选择比努力更重要，找到自己的“生存缝隙”，坚持自己热爱的事情并努力做到独步天下，此时你会发现自己每天都乐于在“工作”，别人眼里的工作于你而言就像玩耍一样，乐此不疲！

今天的社会里，你会发现软件工程人士、律师、艺术从业者、各类技工（如厨师、泥瓦工等）及各种手工艺人，大约入行后就知道自己在这个社会的生存缝隙。公务员、教师、医生等一旦入门，也就明白了自己的未来职业归宿。

对于在企业里的大多数管理者而言，在职业生涯早期选准自己的跑道（生存缝隙）、不断积累相应的专业知识与技能、让自己变得对企业有价值，将会决定在职场中能走多远，甚至过程中不用担心被“裁”的可能。

当你在某个领域深耕，可以做到第一或者唯一，做这件事非你不可，离开你这项工作就完不成或者效率很低，如果你能成为这样的人，企业不会冒险裁这样的大动脉。你的价值是与你的不可替代性成正比的，当具备这些时你会发现自己可以在浮躁多变的时代保持从容、宁静与淡定。

这个世界上，找不到自己生存缝隙的人，将会如一叶浮萍、无根之草，随风飘零，从而随波逐流、迷失自我，那么中年危机也会不请自来！

当然，找准生存缝隙并不断“钻井”不是一件容易的事。一方面，它要经得起诱惑，要耐得住寂寞，不会追时髦赶潮流、人云亦云；另一方面，要坚持初心，始终如一，以及数十年如一日的坚守。

要知道，常移的树永远长不大！

三、做一名 π 型管理者

初中数学里的圆周率，是指圆的周长与直径的比值，即圆周率＝圆周长 ÷ 直径，一般用希腊字母 π 表示，它是一个在数学及物理学中普遍存在的数学常数。

这里我们重点谈的不是数学公式，而是借用 π 的形状来表述职场中一位管理者应该长成的样子。π 的形状是上面一横代表管理者知识广博、经验丰富；下面部分代表着管理者掌握两个领域的知识和技能，并不断深耕。

π 型管理者的第一个支撑是自己的专业领域。

按照哈佛商学院著名战略学家迈克尔·波特提出的“价值链分析法”，公司的专业领域可分为主体活动以及辅助支持活动。主体活动涉及企业研发、原料供应、生产、物流、营销、客户服务等。辅助支持活动则涉及人力资源、财务、IT、内审、法务、公共关系、行政等，主体活动和辅助支持性活动基本就构成了企业的价值链。

企业里这些活动就如同田径赛场上的一条条跑道。初入职场的新人一旦选准其中一条跑道，基本就需要不断狂奔下去，过程中不断积累专业深度以及交付骄人业绩，从普通员工、资深员工、领班、主任、经理、总监、总经理、副总裁、总裁 /CEO 一路升级，不过最后能做到总裁 /CEO 的几乎就是凤毛麟角。

职业轨迹中可不可以换跑道？比如从人力资源跑道换到营销跑道？可以，但要越早越好，因为刚起跑时成本较低，越往后换跑道成本越高。那么什么跑道可以让管理者加速奔向总经理、总裁 /CEO？答案是尽可能到企业的主战场跑道。那什么是主战场跑道？就是那些最能够给企业直接提供价值的部门，主要集中在业务部门。

如果你的企业是以营销为主导的，那么营销就是主要业务部门；如果你的企业是以生产为主导的，那么生产就是主要业务部门。当然对于较大型的企业而言，财务也可以划入主战场的范畴。这些公司未来的总经理、总裁 /CEO 几乎只会是从主战场里出身。因为主战场的机会以及出业绩（好衡量）的可能性都远远超过其他的跑道。

主战场还有另外一个选择，即权力的主战场，比如总部，对来自总部下放到下面公司的人而言，获得各类机会的可能性就非常大。

当然，并不是说其他跑道不重要，而是指一旦你选择非主战场跑道，你就需要做好职业发展的心理准备，因为在这个跑道上会遇到职业发展的天花板。

但不管是选择主战场还是其他跑道，每一位管理者在自己的专业领域里聚焦、精进，尽可能做到一米宽、万米深，努力成为这个领域的专家（如何聚焦和精进请看下一节内容）。

它的好处是一方面可以建立个人影响力，让人产生追随感，因为有实力就有影响力。人们喜欢拥有资源的人，管理者的领域专业实力就是这个世界上非常有限并稀缺的一种资源。另一方面是即使在这家企业因为各种各样的原因，没有发展空间，也不影响自己在整个行业以及专业领域里的声誉，应该把主动权抓在自己手里，而不是把自己的命运全交到某一个公司手里，整天忧心忡忡担心被裁员、被毕业。

π 型管理者的另一个支撑则是自己的管理认知及实践。

管理是一门科学，也是一门艺术。之所以说是科学，是因为管理有理论底层逻辑和各种方法、工具，是需要系统学习的。之所以说是艺术，是因为其对象是员工，各种方法及工具的有效运用需要拿捏好尺度，这是一件有挑战的事情。

一般来说，每一位管理者的成长过程都需要搭建三个知识体系（三维度），如图 3-3 所示。

第一个知识体系是自我成长体系，包括管理者的思维认知、公司运营知识、职场里的各种元技能、人文逻辑、精力管理、公众演讲、写作能力、自我兴趣爱好等。

第二个知识体系是交付结果体系，即如何定目标、如何追过程、如何拿结果、如何做好利益分配等。

第三个知识体系是带领团队体系。即如何搭班子，如何练团队，如何激活员工、如何保留员工等。

π 型管理者其实也符合“25% 的法则”，即“在 2~3 个领域，做到前 25% 的水平”。

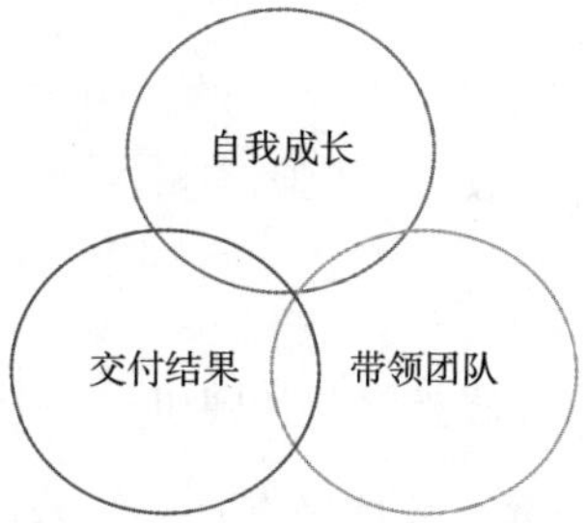

图 3-3　管理者的三个知识体系（三维度）

——案　例——

知名漫画系列《呆伯特》的作者斯科特·亚当斯，他的漫画系列的前两部就已经卖出了 200 万本。亚当斯说：如果你想取得出类拔萃的成就，大概有两个选择。第一个选择是，你把自己的某项技能练到全世界最好。这个非常困难，极少人能做到。第二个选择是，你可以选择两项技能，把每一项技能都练到世界前 25% 的水平，这就比较容易。同时拥有这两个能排在前 25% 的技能的人，其实是很少的。

如果你能把这两个技能结合起来，去做一件事，你就可能取得了不起的成就。亚当斯这样说自己：他的画画技能，不能说是世界上最好的，但能达到前 25% 的水平。他写笑话的技能，也不能说是全世界最好的，但是也能达到前 25% 的水平。于是，他就把这两项技能结合在一起，形成了“朱伯特漫画”的成功。

企业的管理者唯有在专业领域以及管理领域不断精进，一米宽，万米深，把自己打造成“π 型管理者”，拥有多维的能力，努力让自己变得不可替代，在过程中保持好奇心和前瞻性思维，主动接纳、拥抱、顺应日新月异科技（比如 AI）的变化，方可成就自己的生存缝隙，才不用担心公司发展停滞不前，或者有一天突然失去工作，因为此时管理者相信的是“自己的翅膀”。

在职场中不要太把自己当回事，要把自己做的事当回事。

四、聚焦和精进：从量变到质变

在一定范围内量的变化，不会影响到特定事物的质或存在。

——黑格尔

股神巴菲特曾讲过一个故事，他最崇拜的人叫泰德，一位被称为“史上最佳击球手”的棒球运动员。泰德之所以厉害，是他在比赛中只打高概率的球。他只打那些处在“甜蜜区”的球，至于看不上的球，即使嗖嗖从身边飞过，他也完全无视。说起来容易，但做起来难。因为当比赛过程中几万名观众看着你，球从你身边飞过，运动员如果不打，会听到全场的嘘声。当然，每击中一球时则会迎来巨大掌声，这个掌声让人心花怒放、让人沉醉，然而正是这种乐趣和掌声限制许多运动员的高度，让他们永远就停留在一个水平上。而只有那些能够坚持打“高价值的球”的运动员，才能成为真正的顶级运动员！

这个故事一样适合职场上的管理者，把有限的时间、精力深耕某个领域，始终如一、保持耐心、日积月累、精耕细作、孜孜不倦，最后才会根基稳固、硕果累累！

荀子说："不积跬步，无以至千里，不积小流，无以成江海。"

如何实现聚焦和精进？这里介绍两个方法。

第一个方法：一万小时定律。

一万小时定律是由作家马尔科姆·格拉德威尔在其著作《异类》中提出的理论。马尔科姆·格拉德威尔认为：天才不是天生的，而是练习出来的，在任何领域想要达到专家级别，需要进行约一万小时的刻意练习。

一万小时定律的核心内容包括刻意练习、时间累积以及必要非充分条件。刻意练习是指有针对性的、有反馈的、不断挑战自己极限的练习。时间累积强调长时间、系统性的努力对于成功的重要性。必要非充分条件则指出，虽然一万小时的努力是成为专家的必要条件，但它并非充分条件，成功还受到天赋、机遇、社会背景等其他因素的影响。

一万小时约等于 3×365×10，这意味着一年 365 天，每天 3 小时刻意练习，大约要十年的时间方能成为某个领域的高手。人们常说的"十年磨一剑"大约也就是这个意思。

可能有人会说，不对，我每天上班 8~10 个小时，三年左右不就可以成为高手吗？这是不正确的，现代社会的分工已经越来越细，每个人在企业做的事情许多都是重复性机械式的工作，顶多是成为细分领域熟练的技工，离领域的高手还有很长的距离。

一万小时定律的刻意练习，其关注点在于学习，即不断探索领域里的新东西，从而让自己的认知升维。而不是重复地工作，当然它们之间有部分交集。

比如在企业的人力资源领域而言，一万小时刻意练习的学习包括熟读国家 / 地方劳动法；通晓人力资源各个模块的知识、方法和模型；涉猎哲学、心理、教育以及人文历史等学科；掌握企业运营方方面面知识及对核心业务的深刻理解；同时不断提升自我的逻辑思维及公众演讲语言表达能力等。即便当下你只是一名负责招聘的专员，每天周而复始地做着发布招聘广告、收集简历、安排面试等这些动作，也不要忘记自己一万小时的积累。

第二个方法：五个 100。

成为领域的高手，刻意练习的具体方法可以是五个 100，具体为：

（1）读 100 本相关领域的书籍，这是扩大认知面最有用的方式。

（2）听 100 场相关领域的演讲，这是最节约时间汲取领域里他人观点的方式。

（3）写 100 篇相关领域的文章，这是构建自己对领域模型认知的最佳方式。

（4）分享 100 场相关领域的内容，这是检验自己认知和锻炼语言表达的最佳方式。

（5）认识 100 位相关领域的高手，高手间的交流才会产生顶尖高手。

一万小时定律和五个 100 是每一位管理者在自己聚焦的领域（生存缝隙）里精进的有效方式，不断精进，厚积而薄发，努力实现从量变到质变，让自己成为领域中真正的高手，除此，别无捷径。

——案　例——

华为任正非在 2009 年的时候有过一次讲话，他说：华为 20 年的炼狱，只有我们自己和家人才能体会，这不是每周工作 40 小时才能完成的。华为初创时期，我每天工作 16 小时以上，自己没有房子，吃住都在办公室，从来没有节假日，想想这是十几万人 20 年的奋斗啊！怎么可能会在很短的时间，每周只工作 40 小时，轻轻松松地就完成产业转换和产业升级呢？每周工作 40 小时，只能产生普通劳动者，不可能产生音乐家、舞蹈家、科学家、工程师、商人……

就如同一株植物，如果要比其他同类的植物要更枝繁叶茂，就需足够的成长空间，让根系舒展扩张，汲取营养。你要给人一杯水，就需要至少先准备一桶水。一名职业作家，要想创作出 2 000 字的作品，至少要积累 10 000 字的写作素材。

这个过程，它不是线性的结构，而是越到后面你的加速度会越快，就如同一道脑筋急转弯题一样：一个池塘开荷花，第一天开一朵，第二天开两朵，第三天开四朵，开满全池塘要30天，请问开完一半需要多少天？

答案是第29天。只有第29天时，只有蓄力至临界点，方能实现质的突破。这个世界上最容易的事是坚持，最难的事也是坚持。说它容易，是因为只要愿意做，人人都能做到；说它难，是因为需要极强大的定力和内心，真正能做到的终究是少数人。许多人的一生也许就像池塘里的荷花，一开始用力盛开，但总感觉自己绽放得不够，于是慢慢感觉看不到希望，在第10天、第20天，甚至第29天的时候选择了放弃。

这个坚持，也可以说是自找“苦”吃。吃苦的本质，是长时间为了某个目标而聚焦的能量。在这个过程中，放弃娱乐生活，放弃无效社交，放弃无意义的消费以及在过程中不被理解的孤独。它本质是一种自控能力、自制能力、坚持能力和深度思考能力，这才是“吃苦”的终极意义。独立思考，吃大脑的苦；读书学习，吃孤独的苦；克制精进，吃自律的苦。

有了这个坚持后，再远的路，走着走着也就近了；再高的山，爬着爬着也就到了；再难的事，做着做着也就顺了。

无论是一万小时还是五个100，都需要日拱一卒、坚持不懈，其实这个世界上各个领域真正的高手，都是坚定的长期主义者。

而长期主义者坚守的就是复利思维：选择做有复利的事情，努力进入A，坚持会变成B，突然在C点能赚钱，到了D点实现财富自由，最终把E做成了事业。每天都做有积累的事情，不断聚焦和精进，从量变到质变！要知道，短期主义是将资源投到当前，被动应对环境的变动；而长期主义是将资源投到未来，主动塑造自己的命运。

越是在一个方向积累，你才能习艺精良，你才会产生强大的壁垒，才不容易被对手打败。真正厉害的人，就是即使告诉了你方法，短时间内你也模仿不了。就像海底捞，可以随便参观学习，但没有餐厅能复制它。

一个人一旦把时间精力集中于一点并且持续，即可产生巨大穿透力。就如同阳光聚于一点，可瞬间将人灼伤，水流聚于一点，可瞬间切割钢板。

一个人只要在自己的领域（生存缝隙）里做到极致，就能找到自己在这个社会的安身立命之处，也成就了自己的赚钱能力，而且也会进入艺术的境界，会有创意，会有创新成果，甚至到达挥毫泼墨、随性发挥的境界。

所谓的才华，其实就是基本功的溢出。专注一点，深度扎根！

五、打造职场个人IP

管理学者汤姆·彼得斯在《你就是品牌》文章中提出了“Brand You”理论，他说我们每一个人都是CEO，都在经营一家叫“Me”的公司，这家公司打造的品牌是“YOU”。这项品牌打造工作既简单又艰难，目的是让自己与众不同，职场中的每一个人都无法逃避这项工作。

汤姆·彼得斯还认为：打造个人品牌，与年龄无关，与职位无关，与我们偶然进入的行业无关，我们每一个人都必须认识到塑造品牌的重要性，我们就是“Me”公司的执行总裁。

这和当下流行的个人IP打造说法不谋而合，IP（intellectual property）是一个网络流行语，直译为“知识产权”，该词在互联网界已有所引申，互联网界的IP可以理解为所有智力创作（文学、影视、动漫、游戏等）作品的统称。而个人IP其实是指个人品牌或个人形象，也可以理解为个人在特定领域或社交媒体上通过自己的能力、特点、风格等因素，形成一种独特的品牌形象，主要用于提升自己的知名度和影响力。

比如说，一些知名的博主、意见领袖、带货主播等，他们通过自己的特长、技能、观点等吸引了大量的粉丝和关注者，形成了自己的个人品牌和形象，这些都可以被称为个人 IP。

今天职场里的每一个人都要把自己当成这辈子最好的产品去打造。个人 IP 就是这个产品最好的护城河，一旦打造出来，就是独一无二，就很难被复制，从而帮自己建一个别人拿不走的身份，并且树立自己的品牌形象，提高自己的知名度和影响力。

职场竞争激烈的今天，“铁打的职位，流水的人才”已经成为常态，而拥有一个独特的个人 IP 除了使个人溢价获利、成为职业生涯的加速器外，它还是在这个社会上自我保护的有效利器，让自己在竞争中立于不败之地。

那如何打造好职场个人 IP，有一个公式供大家参考：个人 IP= 定位 + 人品 + 亮丽成绩 + 传播及杠杆。

第一，定位。

定位就是找到一个自己热爱、可以发挥自己独特技能优势、能给组织 / 他人不断创造价值的最佳位置。我们前面讲过，职场中的每一个人尽可能在自己选定的专业领域（跑道）里聚焦、精进，尽可能做到一米宽、万米深，努力成为这个领域的专家。定位就是自己身上领域专家的标签，让别人一提起你的名字就会想到这个专家标签，这个标签是一种声誉，它以你在特定领域做出最显著的贡献而闻名。而这种声誉就是这个专业领域（跑道）的影响力。

第二，人品。

人品就是周围的人对你品格的认可，包括言行一致、信守承诺。诚信和信誉是个人品牌的基石，因为只有真实的个人品牌才能生存下去，才能赢得别人的尊重，才能在社会上立足。有能力无人品是建立不了个人 IP 的。

既有才又有德，才会具有人格力量和人格魅力。而一旦有了人格魅力，你就会有很多的机会。

第三，亮丽成绩。

在足球场上有句话非常有名，“如果教练不能带队克敌制胜，再会鼓动人心也无济于事”。在职场中也一样，打铁必须自身硬，成绩才是硬道理。

因此，交出亮丽成绩是职场个人 IP 不可缺少的一部分。它包括在企业里骄人的战绩以及企业系统里的各种荣誉（以亮丽成绩为基石的）、社会行业领域的专家身份等。而这些成绩靠的是自身的核心竞争力——专业领域里不断积累的能力及天赋。

第四，传播及杠杆。

一个人的价值永远是被认知的价值，只有被传播以及被认知的品牌价值才是有效价值。

你可以通过一些有效的方式提升你的知名度，可以是一次会议讨论、一次会议分享、一次主持、一次展示自己的机会等，你做的一切事情以及你放弃的一切事情都传递了“你”这个品牌的价值和特征，而且每次过程中都能保持一致性。

这种传播，包括你的穿着、形象、语言表达、言谈举止、抱负追求等，甚至包括你的名字与身份，它会向人们传递你的素养、个性、能力、价值等，从而让人记住你。

（1）你的穿着（甚至发型）都要有自己鲜明的特点，并形成自己的特色。

（2）平时说话时声音低一点，声音会变得稍有磁性；说话慢一点，会更有气质；说话偶尔停顿，会显示出自己的权威。

（3）任何时候都不要紧张，永远展现出舒适放松的状态，把任何想接触的人当成老朋友交谈就行。

——案　例——

三国时期的刘备出身贫穷且很卑微，父辈以贩履织席为业，但刘备在打造个人品牌过程中很善于强调自己与众不同的身份。“中山靖王刘胜之后，汉景帝阁下玄孙，姓刘名备，字玄德。”是他与人初次见面自我介绍时常用的话。这种特殊的身份为刘备后续争夺天下发挥了不可小觑的作用。

任何个人品牌营销的关键还在于“口碑营销”。你的上级、同事、朋友以及客户关系网是你所能获得的最重要的营销媒介；他们对你本人以及你的贡献的评价是市场衡量个人品牌价值的最终标杆。人生是个大舞台，也是个大市场，有意识地包装和营销自己，提高自己的知名度，会对个人IP价值的提升产生放大镜式的影响。

另外，别忘了学会运用传播杠杆。

《纳瓦尔宝典》一书中提到“不要再把人分为富人和穷人、白领和蓝领了。现代人的二分法是“利用了杠杆的人”和“没有利用杠杆的人”。

在移动互联网时代，运用公众号、视频号、B站、喜马拉雅、微博和小红书等平台，在不影响公司利益的前提下，做有深度的内容输出，通过写作、演讲、分享等方式，表达自己的经验和观点，提高自身的曝光率，从而扩大个人IP影响力。

通过以上四个维度的打造，个人IP就会慢慢形成：建立自己的风格与专业，把自己当作一份事业，当成个人品牌经营。

当然，如前面所说，打造个人IP需要保持真实性，不能夸大自己的能力和经验，否则会失去信任。同时，需要持之以恒，不能一蹴而就，需要长期积累和坚持。特别是内容的输出，需要坚持领域深耕，才会让内容更有深度。

这一点，与职场里的每位伙伴共勉。

六、行业·企业·职业·职位

1. 行业决定薪酬曲线高低

对于职场各位管理者而言，行业的选择空间真的不大。原因非常简单：年轻就业时懵懂地撞入一个行业，随着时间的积累，等你走上管理岗位及更高职位后，再更换行业的可能性就没有那么高了（对于大部分人是这样）。就如职业锚里所说的，当一个人不得不做出选择的时候，他无论如何都不会放弃的是职业中至关重要的东西或价值观。而这个至关重要的东西或价值观许多是在行业里沉淀下来的，包括对这个行业惯例、发展趋势、行业价值链条的理解，各个层面细节的掌握、人际关系的积累等。更换行业时，这些可能都需要花许多的时间和精力来完成，而一个人的精力是有限的。

虽然大部分人年轻时为了就业或者因为所学的专业原因造成路径依赖，就此进入了一个行业，那时可能还不会想到行业其实和个人的发展紧密相连。

选择了不同的行业，就会有不同的认知理解和发展空间。比如，金融行业，往往意味着几个人操纵上亿的资金；房地产行业，二三十个人操纵上千万上亿的资金；而生产制造行业，几百上千人拼死拼活地干活，也就百万或千万级的利润。同样是从事财务工作，投资、融资行业的财务和物流行业、贸易行业的单纯财务也会有相当大的差异。

另外，行业和每个职场个体的收入息息相关，社会上各个行业的薪酬曲线几乎都是一条反过来的抛物线，只不过不同行业的曲线位置不同，如图 3-4 所示。

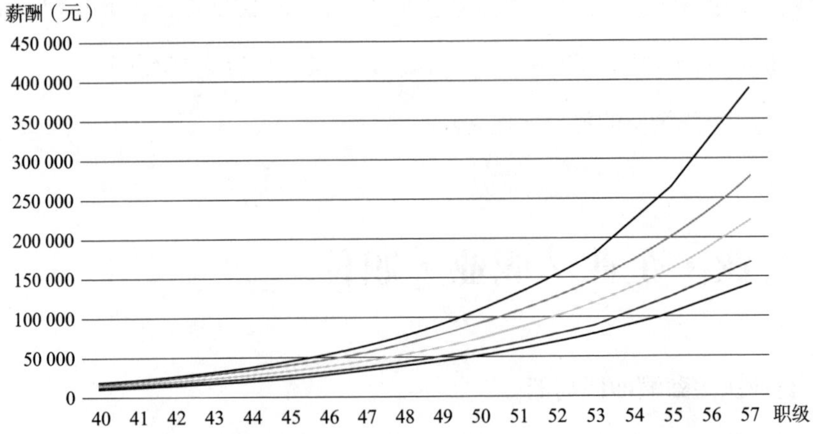

图 3-4　不同行业的薪酬曲线位置

从图中我们可以发现，同样价值贡献的岗位，不同行业由于行业经营利润的原因，其薪酬支付能力也完全不一样。所以说不同行业情况会影响着个体的收入情况。

以此类推，笔者还发现一个关于行业的秘密，一般来说，盈利能力越强的行业其整体员工的颜值平均水平也比较高。原因非常简单：盈利能力越强的行业求职者多，可选择的空间大，要知道，颜值也是应聘者自带资源的一部分。

2. 大企业选文化、中企业选潜力、小企业选老板

说一个大家都熟知的常识：同样一套格局和大小面积一样的房子，在北京五道口和在北六环，其体现出的价值就是不一样的，原因是位置不一样。就如同房地产界有一句流传已久的名言“位置、位置，还是位置”。

同样的，同一个人选择同一行业的不同企业时，其价值体现也会不一样。粗略来说，国内的企业大致可以分为外企、国企和民企。其对于能力、本事的要求也不一样，相信已经在相应企业里的职场中人会有深刻体会。随着国企和民企的国际化、出海，相信未来对于能力、本事的要求也会慢慢趋于一致。

不同企业，各有优缺点，无关对与错。只不过对于刚毕业走向社会毕业的学生来说，在同一行业里，建议不要选择比较小的企业，因为在小企业获得的东西太少了，看似学到了一些东西，有时实际上得不偿失，再去找工作的时候才发现已经处于竞争的劣势。当然，也可能会有人不认同，认为小企业未来成功的机会大。

3. 职业是专业领域（跑道），也是自己的“生存缝隙”

人一生中有两件事情的选择最重要：一是找对职业；二是找对另外一半（妻子或丈夫）。因为当太阳升起时会与自己的职业在一起（8~12 小时），而当太阳西下时会与自己的另外一半在一起（另外 12 小时）。

成就一番伟大事业的唯一途径就是热爱自己的事业（此时职业已转化为事业）。如果还没能找到自己热爱的事业，请继续寻找，不要放弃。工作会占据生命中很大的一部分，你只有相信自己做的工作是有意义的，才会不感疲倦。工作如此，你的爱人也是如此。

如何更好地选择匹配自己的职业呢？这里有两条建议：

第一，不断试错。如果大学所学的专业是自己热爱的，毕业后很自然就进入相关行业的企业里的对应领域（跑道）工作，那么恭喜你，你已经跑赢90%的人。等到三十岁时，你已可以在这个领域里小有所成。然而，当今社会大部分人离开学校后还是需要在社会上不断试错，最终才会明确自己的职业方向（跑道）。不过，试错是需要成本的，最大的成本就是时间，所以抓住那么一两次的试错机会，尽量不要一直试错，或者一错再错。

第二，叩问自己的内心。试错过程中，没有人会告诉你现有的这份工作就是自己一生的职业选择，唯一的评判标准就是跟随自己内心的声音，总有一天你会找到的。当然，这个过程中，也会有一些方法帮助我们来了解内心认同的职业，比如工作观察法、听听他人工作的想法、假设法（比如已达到财务自由后最想从事的事情是什么）、职业生涯兴趣测验等。

总体来说，每一位职场人都会经历三个阶段。

第一个阶段：为了生存而就业，同时不断试错。

第二个阶段：为了发展而职业，选准跑道后不断深耕。

第三个阶段：为了人生价值而事业，此时把职业升级为一生有意义的事情。

当理解了这三个阶段以后，你就会明白：企业里的每一位职场人都需要忠于自己的职业而不是企业。因为同一行业里不同企业里都会有自己深耕的职业（专业领域或跑道），正如本章第二节所说，所谓的“铁饭碗”不是在一个地方吃一辈子饭，而是一辈子到哪里都有饭吃！

以此类推，行业更换也不代表没有机会，因为即使不同行业里也有自己深耕的职业（专业领域或跑道）。只不过更换行业时，建议尽可能考虑行业发展的内在连续性和相关性，这样之前积累的行业知识就比较容易迁移。

4. 像游戏关卡一样的职位

职位，就是在自己职业跑道上的游戏关卡，一关闯完还有下一关，关卡等级越高，你的职业掌控感和成就感会越大。当然关卡越到后面，就像金字塔结构一样，被淘汰的越多，留下的就越少，最后可能只会有那么一两个人能通关。

比如下面就是从事营销职业跑道的理想职业关卡：

业务人员→业务主任→业务经理→区域业务经理→销售运作经理→市场销售总监→公司总经理/专业功能组总经理/各类VP → COO → CEO

其他的职业跑道也是类似的关卡，只不过你会发现如果不是主战场的领域（跑道），越到后面就会遇见职业的天花板，最多到专业功能组总经理就结束了，继续前往COO以及CEO关卡的可能性几乎没有。

一个人能走到什么位置的职位关卡，能力是下限，机遇是上限。

能力是一个人能闯多少关的最基本要求，有时能力不到，前面的几道关卡还可能因为幸运等原因而闯过；到后面的关卡，能力及随之交出来的业绩就是最基本的硬性条件了；但在能力相差无几时，就要看个人的机遇了。年轻时如果没有在职位上尽快有所突破，到了职业生涯后期就很难追上。

人的一生在不同公司工作是一件正常的事情，个人主动跳槽一般有两个目标：第一，年轻时因试错自己的职业跑道而跳槽；第二，确定职业方向后可以越跳越高，助力自己的职位慢慢步入高阶。

那种为几百元钱跳槽而在同一个关卡上做相同的事情意义不大，有意义的跳槽是可以在另一企业里闯更难的关卡。从这个角度来看，真正的跳槽不应是“转学”，而应是“升学”。

七、职业人的第二曲线

1. 掌握一门傍身的手艺

有这么一个故事，不同属性的人谈论与思考的东西是不一样的：

“企业家，谈论的是趋势、模式、运营、如何抓住新的风口，思考的是运营如何变得更加高效，如何与时代同频。

生意人，谈论的是产品、渠道、资源、生意的机会，思考的是下一个赚钱的产品是什么，有什么降低成本的机会。

上班族，谈论的是最近的网络剧好不好看、最新款的化妆品或者手机、某位明星的演唱会什么时候开、周边同事的家长里短，思考的是如何工作，晚上吃什么。

人无远虑，必有近忧。作为上班族的管理者而言，不要总觉得这份工作永远可以高枕无忧或者永远属于你，然后随波逐流，沉迷于其中的喜闻乐见。要不然当公司将你裁掉时，你将不知所措。失业了，你会发现再找份工作会是如此之难。

怎么办？成为一名 π 型管理者，一条腿是自己的专业，另一条腿就是管理者成长的三个圆圈：带好团队、交付结果、自我提升。

对管理者而言，除了自己的专业领域，一门傍身的手艺需要从自我提升里面寻找。这门手艺可以是某项独特的技能、更优质的社会关系、更良好的客户关系，甚至可以是一门语言、公众演讲能力、书面写作能力、一个拿手的乐器等。

当一个人只有一种生存方式，没得选时，他也就没有了自由。

2. 播下第二曲线的“种子”

现任阿里巴巴 CEO 蔡崇信在一次演讲时曾说，建议年轻人学习一两项技能，比如，编程、心理学、数据科学等。按照蔡崇信的话，你必须能够告诉别人，你在某件事情上是专家。

傍身的手艺，最好在年轻时就播下“种子”。只有春天播种了，不断地呵护它，给它浇水施肥，秋天才会有收获。

相信职场人都听到过“职场 35 岁现象”，即许多用人单位在招聘员工时，都明文规定只要 35 岁以下的人。“职场 35 岁现象”不仅对求职者的影响较大，对那些企业在职员工也造成了不小的冲击。许多企业员工在过了 35 岁以后，都不免有些担心：公司裁员，一旦中年失业，生活就危险了。

35 岁确实是一道坎，特别是职场上的管理者们，不要停留这样的固有认知：找一个好单位，有一个好职位，一直干下去，然后日子永远稳定，永远不会被淘汰。

当今的社会，唯一不变的就是变化，谁也无法保证永恒稳定。之所以有“职场 35 岁现象”中年危机这个果，大约与自己没有傍身手艺这个因有关。因为没有一技之长，所以整天担心失去这份“稳定”的工作。

——案　例——

元稹，中唐时期的文学家、小说家，以诗词著名，与白居易齐名，当时并称“元白”，同为新乐府运动的创始人。“曾经沧海难为水，除却巫山不是云。”即出自其《离思五首·其四》诗句里。元稹职业生涯几度为官，几度被贬，最高曾任职尚书左丞、武昌军节度使。其实他还有一个特别的长处——写墓志铭，而且通过给人墓志铭赚了许多钱。

据史书记载，元稹写墓志铭的润笔费很贵。当年杜甫去世，杜甫的孙子带着爷爷的遗骸回家埋葬时遇到元稹，求元稹能不能给杜甫写一篇墓志铭。因为那个时候流行墓志铭，写墓志铭的人越高级就显得这个人身份越高。杜甫的墓志铭《唐故工部员外郎杜君墓系铭并序》就是他写的。不过据说这次没有收费，因为他喜欢杜甫。

如果你掌握了自己领域的专业知识，还有一门傍身手艺，且懂得如何利用杠杆效应复制自己的产品，你获得的价值回报就会与你提供的价值匹配。

此时，你只需要把注意力专注在自己要做的事情上即可，而不需要为开会而开会、不需要努力表现自己、不需要谄媚他人、不需要整天担心失业，此也不失为另外一种有意义的人生。

第四章

锦囊4：管理者元技能

一、领导力 = 影响力 + 方向

1. 领导力修炼三步曲

力是物理力学中基本概念之一，是使物体改变运动状态或形变的根本原因。

管理者身上有两种力量可以让下属行动，第一种是管理力，即通过决定他人经济利益而让他人行动的力量，也可以叫让人“薪”甘情愿；第二种是领导力，即让他人发自内心去行动的力量，也可以叫让人心甘情愿。

一位聪明的管理者善于把管理力和领导力有效结合、灵活运用，从而实现“得到结果还赢得人心”的目的。

管理力是强制力，侧重组织权力，是驱使，主要用在管理动作紧抓事中，并最终体现在员工的利益分配上。

领导力是影响力，侧重个人魅力，是引领，主要用在赋能员工释放人中，让员工自驱力强、内心渴望一起追逐梦想。

管理专家吉姆·柯林斯在其著作《卓越基因》里说：“真正的领导力只有在人们有选择不跟随的自由的时候才存在。许多企业领导者认为自己在领导，但实际上他们只是在行使权力。有一天，他们可能会惊恐万状地发现，一旦失去权力，就不会有人再跟随他们。如果你的领导力主要建立在级别、头衔、资格、金钱、重赏、名声或者其他形式的原始权力的基础上，你基本上毫无领导力而言。这个定义很简单，意思是：领导力是一门艺术，它让人渴望完成必须完成的事。”

本书第一章第八节介绍的彼得·德鲁克也曾说过：“权力和职权是两码事。管理者没有权力，只有责任。它需要也必须拥有权力来履行自己的责任——但它不能想要更多。”在德鲁克看来，管理者只有在履行职责时才有职权，不存在所谓的

“权力”。

只不过到了今天，好像许多人对领导力似乎有些误解，甚至过度追捧，把领导力当成了包治百病的灵丹妙药。

其实，领导力没有那么复杂，领导力就是两件事，别人相信并跟随。因为有影响力，所以信任；因为相信方向，所以愿意跟随。用一个公式来表达就是：领导力 = 影响力 + 方向，它们之间的关系如图 4-1 所示。

得到结果而且赢得人心

领导力修炼三步曲	方向	众	启发愿景 · 挑战现状
	影响力	从	建立信任 · 凝聚人心
		人	以身作则 · 专业实力

图 4-1　领导力修炼三步曲

2. 影响力提升路线图

管理者的影响力提升与两个汉字有关，“人”和“从”。

“人”字表示影响力提升第一个阶段，只与自己有关，是关于自我的修炼，是否以身作则，让人追随。它包括：个人修为与学识、道德品行、职业素养、认知思维高度、是否言出必行信守承诺、是否有担当等。

——素养的来历——

素养一词出自《汉书 · 李寻传》中的一句话：“马不伏历，不可以趋道；士不素养，不可以重国。”意思是说，马如果晚上没有在马槽上吃饱，白天就不能驮着东西赶路；平时如果不重视培养人才，这个国家就发展不起来。在这里“素”是平素、平时、日常的意思。素养这个词的意思，就是日积月累出来的修养。

管理者只有在这些方面牢牢站稳了，才会有魅力并吸引他人，员工才会认同、支持，才会发自内心拥护你。

另外，对绝大多数职场的管理者来说，你所在的专业领域的专业实力特别关键。在新生代员工成为职场主力军的当下，作为一名管理者，如果没有专业实力，确实难以有效管理下属，怎么办呢？必须得让他们相信你是一位值得信赖的领导者。

别忘了第三章第三节所说的做一名“π 型管理者”：既拥有丰富经验的专业知识又精通团队带领工作。此时宛如一个两条腿走路的人，走得又稳又快，这样管理者职业发展的灵活性和空间也才会更大。

当你的管理职位已经很高时，此时你的专业领域已不再是什么专业实力了，而是下一节我们要谈的方向和大势。

提升专业领域（跑道）的专业实力，没有秘诀，除了工作实践外，平时还要多读书、多思考，不断提升个人的学识、认知和人文修养，适当减少刷各种短视频的时间。

“从”字表示影响力提升第二个阶段，有两人成行的意思，指两个人已建立信任关系。这个阶段的修炼是指管理者如何与团队成员的互动关系，包括认可、接纳团队成员，与团队成员建立信任，通过各种赋能方法凝聚人心，让团队成员愿意一起同舟共济、力出一孔。

建立信任主要有三种方法：

（1）开放自我，建立彼此信任感。当人与人相互了解得越多，彼此间的信任就越容易产生。

（2）主动利他，真的是为他好。古人云，“感人心者，莫先乎情”，管理者主动地关心下属、在可能的时候帮助下属，不断地向彼此之间的情感账户存钱是与团队成员建立信任关系的有效方法。稻盛和夫在《活法》书中也讲：“利他，才是最好的利己。”

（3）取得胜利，积小胜为大胜。在足球场上有句话非常有名，“如果教练不能带队克敌制胜，再会鼓动人心也无济于事”。最好的领导力不是一味打鸡血灌鸡汤，也不是一味进行情绪抚慰以及团队建设，而是持续带领团队打胜仗。当胜仗打多了，团队对领导的信心自然就建立起来了。

当然，这里为管理者作一个区分：建立信任关系并不等于需要下属喜欢自己。如果一个管理者总希望下属喜欢自己，那么他会做出很多不当的行为。管理者要做的是要让下属信任自己，相信跟着管理者是员工当下最好的选择。

如何凝聚人心？在本书第二章图 2-15 专门有介绍赋能员工六角模型，其中的六个方法为：

（1）追随感，即前面我们所说的影响力修炼的“人”字，管理者总要给团队成员一个认为值得追随的理由。

（2）使命感，即所在组织 / 团队一起奋斗的意义，通俗理解就是“为何而战”，也可以说是一群有情义的人做一件有价值的事。

厉害的组织都是拥有共同信念系统的组织，而且优秀的领导者都善于通过仪式感来沟通组织的使命。

（3）意义感，人们会为了钱而工作，但会为了意义感付出更多能量。意义感包括：有机会改变社会价值排序、获得身份认同（含照顾家庭、出人头地、为社会做贡献、团队或个人荣誉、有个人价值等）、兴趣与专精、一种信仰等。

（4）成就感，工作中的成就感来源于两个因素，用公式表达如下：

成就感 = 胜任能力 × 自主空间

成就感的第一个因素是胜任能力，一个人如果能胜任岗位的要求，他会有种如鱼得水的感觉；如果不能胜任岗位的要求，他会表现得很焦虑，有挫败感。

成就感的第二个因素就是在岗位上是否有足够的空间去发挥、去施展，从而获得更大的成长。这一点对于知识型员工特别关键，因为越复杂的事情，越需要自由开放的空间，越需要自发主动，就越需要激活个体，自由是创造的前提。

但这一点也是最挑战人性的，许多管理者职位越高控制欲越强，这往往对管理者是一场修炼，是对控制心中对于权力欲望心魔的修炼。

（5）氛围感，即如何营造一个好的团队氛围，让员工在一个积极向上的工作环境中更愿意全心投入，创造更大价值。这包括办公硬环境以及安全、尊重、信任、快乐的办公软环境。

管理者可以有效运用“五个一”作为部门团队氛围建设的思路，每一年至少可以做到进行一次体育活动、一次娱乐活动、一次团队旅行、与每位员工一次深度交流、团队一起做一件感人事件。

另外，管理者可以思考团队自己的语言、符号和精神，包括团队的名字和logo（比如有个性化的名字）、团队成员之间彼此的专属称呼、团队独特的激励口号或仪式感（比如PK文化、欢迎仪式、裸心会等）、树立团队榜样甚至团队故事传播等内容，这些都是员工在日常工作中感知团队氛围最深刻的东西，也是其他人感知你团队氛围的最好方式。

通过这些，方能在团队里建立彼此信任、共同拼搏、不抛弃、不放弃的团队氛围和团队精神。

（6）物质感，公司与员工的关系，要想由雇佣关系发展到联盟关系再到共同体关系，物质利益是绕不过去的。一种有效的做法就是第二章第九节里说的股权激励，包括实股持股、虚拟股票、股票期权、限制性股票。对于上市公司来说，股票期权和限制性股票是物质感运用最好的一种方式。

通用食品公司前总裁杰克·弗朗西斯曾说：“你可以买到一个人的时间，你可以雇一个人到固定的工作岗位，你可以买到按时或按日计算的技术操作，但你买不到热情，买不到创造性，买不到全身心的投入，你不得不设法去争取这些。”

一位团队管理者能获得团队成员的热情、创造性、全身心的投入，靠的只能是身上的领导力。而领导力是管理者非常重要的一项管理元技能。

影响力提升的“人”与“从”，其实是领导力修炼三步曲的前两步，而第三步“众”则是下一节我们要谈的领导力核心：方向与大势。

二、领导力核心：方向与大势

——案　例——

一位女企业家与丈夫共同打理家族生意，主营业务是做欧洲名牌皮包的代加工，在他们的精心经营下，生意很红火，有稳定的客户订单。

有一天，这位女企业家忽然问道："难道三年后我们还在给别人做代加工的生意吗？"

这位女企业家于是力排众议，说服家里的人，带领企业开始朝自有品牌的道路前进。

这个故事就是我们要说的领导力核心：方向与大势。即如何判断大势、启发愿景并带领一群人朝未来的方向前进。我们可以用"众"字来表达领导力这一层次的修炼。

对管理者而言，领导力无处不在，以身作则是领导力的最低标准；充满热情是领导力的重要表达方式；而指明方向则是最高的领导力。

（1）这个"方向"可以是公司的方向，这时体现的是企业的一把手或核心管理者对未来的判断和选择。这个思考对于一家公司来说太重要了，因为如果方向选择都错了，那么越努力，公司就越失败！

一个组织、企业所能达到的高度和规模，跟领导人尤其是创始人的胸怀、眼界、格局有着直接关系。领导人具备深刻的对行业、对市场、对客户的洞察能力，能够客观地判断宏观和行业的大势，基于对客户、竞争对手和自身的了解，识别战略机会点，进行战略取舍，最终方能谨慎而合理选择企业的方向。

火车跑得快，全靠车头带；大海航行靠舵手。一个优秀的领导者或领导集体，是能够在前路迷茫时，用有前瞻性的眼光、丰富的经验，穿透迷雾，避开陷阱，预见未来，领导大家找到正确的前进方向。

——京东的发展——

在京东的发展史上有两次非常关键的方向选择。

第一次是 2003 年，当时线下店的生意受到严重冲击。此时 eBay/ 淘宝已崭露头角，刘强东却看到了电子商务的广阔发展前景，决定放弃之前的连锁电器业务，关闭所有门店转型线上，成为一家专业的电子商务公司。当时几乎所有的员工都表示反对，但刘强东丝毫没有畏惧，在带领京东转型创业的过程中，艰难地一步步前行，当时几乎所有的大事小事他都过问，甚至公司最初的很多系统都是由他亲自参与设计，就这样，京东成为第一家纯电子商务的家电公司。

第二次是 2007 年，刘强东决定要自建物流，因为当时京东 70% 的客户投诉来自物流，大量的顾客投诉送货慢、货物损坏严重。但当时社会的物流水平根本无法解决这些痛点，物流公司对加盟商没有控制力，刘强东认为，只有自建物流才能从根本上解决这个问题，而且这将成为京东有别于其他电商的关键。当时很多人都不理解，甚至被很多同行看来这简直是天方夜谭的事情。

但经过十几年的不懈努力，京东最后真的把物流做成了自己的护城河，从而使产品能够以更快的速度送达客户手中，这一超前的战略，确保了京东未来十年的送货优势。

微软现任 CEO 萨蒂亚·纳德拉曾说，领导者主要做好三件事：带来清晰、创造能量、解决问题。其中“带来清晰”是澄清方向的意思。

战略落地常用工具模型“OGSM”是由四个单词的首个英文字母组成，分别是愿景（objective）、目标（goal）、策略（strategy）、衡量指标（measurement）。其中愿景就是组织或团队宏伟、大胆的梦想，也可以说是方向的选择，想去哪里。

定位决定地位，眼界决定境界，度量决定规模。企业的一把手或核心管理者，只有把握商业大势，聚焦公司的未来图景，带领大家一往无前朝着共同的目标出发，既能高瞻远瞩又能脚踏实地，既清楚战略定位又有战略定力，既有胆识又心细，才能带领企业走出黑茫茫的迷雾，穿过充满危险的沼泽，攀上险峻的山峰，从成功走向成功。

——如何听取他人的意见——

公司一把手要做决策前，也需要听听周边人的意见，所谓兼听则明，但如何判断有没有价值呢？主要看他的意见是基于理性，还是基于偏好。

基于理性的意见，需要很好的判断力，需要经过逻辑的思考，但这个是极其消耗能量的。而大多数人提出的意见，顶多是基于个人偏好，比如我喜欢什么、讨厌什么，什么让我觉得舒服，什么让我觉得难受之类的。这种意见大多成本非常低，特别是他不用为结果负什么责任的时候。

所以，做决策的人要能区分这两种意见。

（2）这个“方向”也可以是团队的方向，即作为一名管理者，你期望把这个团队带到哪里去，给团队一个未来的目标和方向。

笔者发现，企业里大大小小的各级中高层管理者能把团队方向说清楚以及要去哪里的人并不多，大多数人还只是兢兢业业地完成上级布置的工作，以及略有影响力地引导团队成员愿意付出更多能量工作（当然，能做到这点已经是合格的管理者了）。甚至个别高层管理者还停留在为工作而工作，仅仅只是会讲漂亮的台面话，而缺乏团队方向的深度思考。

然而，判断大势以及明确方向才是一位优秀管理者身上领导力的最高体现。

从某种意义上说，只要是部门级以上的团队，团队一把手是需要思考未来的，主要做以下三件事：

第一，定方向，想清楚去哪里，指明方向并且回答如何去。员工跟着你，是因为你知道得比他多，你更有方向感，所以他才会跟随你。

第二，凝聚人心，认可、接纳团队成员，与团队成员建立信任，通过各种赋能方法凝聚人心，让团队成员愿意一起同舟共济、力出一孔。

第三，建篱笆，也就是团队的价值观及共同规则。是什么，不是什么；做什么，不做什么；可以做什么，不可以做什么。

这三件事也可称为：眼里有光，心中有人，手里有尺。“眼中有光”就是我们说的领导力核心：方向与大势。

当然，企业的管理者，特别是CEO能否对未来的方向与大势有一个好的理解与判断，也与以下三件事情有关：

第一，认知：认知越高的人、越容易看透事物的本质。只有看透事物的本质和规律的人，才能彻底掌控全局，才会对未来的方向和预见更容易地选择与判断。关于认知更具体的内容我们会在本章第四节谈到。

第二，逻辑：遇到事情或问题时，能把类别区分清楚，并用逻辑的思考方式理解事物规律背后的因果关系，从而看清事物的本质。逻辑成立，事实必将呈现。关于逻辑更具体的内容我们会在本章第五节谈到。

第三，灵性：就是一个人能够在第一时间看透事物本质的能力，也可以称之为天赋。所谓“天赋”，就是你天生就可以干得比别人好，不需要任何理由。生活中，你会发现有的人对语言、音乐、方向感、表演、运动、人际交往，或者具体某项事情就是有天赋的，甚至不需要别人教。也可以这么说，越高级别的管理者是选出来的，而不是培养出来的。

领导力的“人”“从”“众”的修炼过程，其实与经典的领导力理论不谋而合。它们或多或少地体现在三个今天比较具有代表性的领导力理论：

第一个是特质理论，优秀的领导者具有某些固有的特质，正是这些与生俱来的一些优势与人格特质使他们和普通人有所区别。它特别体现在组织里领导者在“众”的这个层面对于未来方向的决策和判断，如前面所说，有时这种方向感是教不会的。

第二个是行为理论，强调领导者相关的行为和风格，认为可以通过任务导向、人际关系导向等来测量、训练、提升管理者的这些行为与风格，进而帮助管理者更加科学地分析与改进自己的管理风格，并将各种行为在不同程度上进行组合。

比如在“人”“从”层面，许多领导行为是可以通过刻意练习培养的行为。

第三个是权变理论，它们认为领导力效度取决于领导者、追随者以及当时环境之间的相互作用，即领导者要根据团队成员的发展水平和任务要求调整自身的领导风格。这也就是企业里常说的“情景领导理论”，具体来说就是在“人”“从”“众”的层面中根据不同的人、不同的情景灵活运用，达到最佳效果。

三、唐僧为什么是位好领导

有时上培训课时，为了让学员更生动地理解团队创建和打造的过程，笔者常常会将四大名著之《西游记》的故事与团队过程管理结合讲述：

公司CEO如来佛祖需要找个人来完成一项任务，于是就问了他的人力资源总监观音菩萨谁比较合适，观音菩萨进行了人才盘点，发现那个前世叫金蝉子的人（就是唐僧）可以做这件事情，于是任命唐僧为西天取经负责人。但这项任务一个人完成不了，于是组建团队，找来了孙悟空作为技术骨干，负责降妖捉怪；找来沙和尚做后勤行政保障工作，负责挑担喂马找食；找来猪八戒提供团队情绪价值以及协调部门之间的矛盾，特别是领导与技术骨干之间的矛盾。然后团队一路向西，过程中团队经历了锤炼期、规范期，最后团队磨合成功，进入运作期并顺利完成了CEO交付的任务。

读《西游记》时，许多人会觉得唐僧手无缚鸡之力，没有任何降妖捉怪之术，且有时还表现出过于迂腐和轻信他人的行为，实在难以胜任团队领导之职。

殊不知，如果从管理的角度来看，虽然唐僧有各种缺点，但实则他是一位团队好领导，主要原因有以下六点：

第一是坚定的意志，必成的决心，对目标的坚定执着。在西天取经的路上，任何艰难险阻都不能阻碍具有强烈使命感和责任感的唐僧对目标的追求。要知道，这是团队领导者很重要的特质——指明方向、使众人行，且具有坚如磐石的信念。这种坚定的信念，就像清代诗人郑板桥在《竹石》诗中的竹子一样坚定不移：咬定青山不放松，立根原在破岩中。千磨万击还坚劲，任尔东西南北风。光凭唐僧的这一点特质，就足以打败今天 99.9% 的职业经理人。

第二是作为团队领导者，唐僧品行端正，自律性强，说不做就不做，言行一致，以身作则，耐得住寂寞、经得起诱惑，足以起表率的作用，得到团队成员的认同与支持。

第三是西天取经团队的目标是取回真经。而团队四个人中只有唐僧能读得懂佛经，其专业性以及对佛法的修为和学识赢得团队成员的追随。

第四是唐僧作为团队的领导，懂管理会管理，具有超强的驾驭能力，主要体现在明方向、定规矩、人尽其才这三点上（即做到上一节讲的“眼里有光，心中有人，手里有尺”）。唐僧对徒儿们分工明确，敢于提要求、制定团队规矩，展现出领导风范：“悟空，不得随便杀生”；“八戒，不得乱打诳语”；“悟净，打些水来”。善用奖惩手段（比如紧箍咒），让团队成员严格按规范及要求做事情。一个有战斗力、有执行力的团队一定是纪律严明、令行禁止的。

第五是唐僧作为团队领导，敢于授权，不干涉下属职责范围内的事，从不专断，比如从不亲自指挥悟空如何伏妖降魔，让团队成员有成就感。

第六是唐僧作为团队领导善于做政委的工作：关心、照顾团队成员，与团队成员同甘共苦，而且时不时给团队成员讲讲佛法以及为什么去西天取经的意义，激发团队成员的积极性，让他们心甘情愿地跟着他去实现团队目标，过程中不断凝聚团队共识、明确梦想方向。此外，唐僧作为领导具有包容心，包容孙悟空的傲慢和自大，包容猪八戒的贪吃和懒散，其包容心让团队成员感到被接纳和理解，从而认同团队并团结一心。

举这样一个例子是为了帮助大家理解管理者的领导力要求，与前面关于管理者的“人”“从”“众”三方面相契合，而且特别强调领导力的核心是方向与大势。

“领导”一词，由“领”与“导”两个字组成。“领”是指带领、率领；“导”是指引导、向导。这个词本身就意味着方向性、目标性。

明朝陈继儒的《小窗幽记·集醒》也谈到这方面的内容：“轻财足以聚人，律己足以服人，量宽足以得人，身先足以率人”。其意思是：看轻钱财能够使人聚集到你周围，严于律己能够使人信服，度量宽大能够得到人心，身先士卒能够领导众人。

有时你会发现，其实世界上许多东西的底层逻辑都是一样的。

四、认知：每一领域内都有“道”与“术”

1.“道”是事物的本质，是事物的底层逻辑

《易经·系辞》有云：“形而上者谓之道，形而下者谓之器。”意思是“道”是对世界本源性的思考，是形而上的本体，是基本规律。“器”是有形的存在，是指具体的、可以看得见、摸得着的、类似实物性质的，即世间万物的表层的“相”，是“道”之载体。

《论语·为政篇》里有“子曰：君子不器”，是指君子不应被事物的表象所束缚，而应该去领悟无形的规律，应该去思考现象背后的本质。

因此想要了解世界，就要掌握这个世界各个领域的规律。春种夏长秋收冬藏，农民种地有种地的规律，投资有投资的规律，创业有创业的规律，各个领域都有自己的规律。

“道”就是规律，就是本质，就是领域里事物的底层逻辑，掌握了某个领域的“道”，就洞悉了这个领域的规律和本质。“道生一，一而二，二生三，三生万物。”说的就是这个意思，底层逻辑不变，变的是演化出来的万物，就如同地球上的数百万种生物，其底层构成均基于碳元素，这是由宇宙和地球的生态环境决定的。

《增广贤文》曰："君子爱财，取之有道。"《论语》里也有一句话："君子务本，本立而道生。"意思是君子专心致力于根本的事务（比如品格和人格），基础建立了，做人做事的原则也就有了。当然，这句话讲的"道"更多指的是一个人做人做事的原则。《孙子兵法》也说："道者，令民与上同意也。"这是"兵家之道"的核心内容，即要上下同欲，它是战争取胜最关键的因素。

不同领域有不同的"道"，能不能快速抓到这个领域的"道"，要看一个人的认知高度。

比如，幸福的"道"就是在社会价值排序、自我认知、健康三个方面找到最佳平衡，获取人生体验最大值。

比如，商业领域的"道"就是按规律更快、更高、更强地帮助客户解决问题，价值创造。

比如，人际关系领域的"道"就是彼此需求与价值的交换。

比如，人力资源领域的"道"就是建立人力资源秩序以及如何帮助业务增值。

比如，营销领域的"道"就是品牌如何入心智、渠道如何渗手中。

对"道"的认知，靠的是不断琢磨以及逻辑推导的能力。不同领域的底层逻辑都是相通的，常言道：一法通，万法通。知识和技能分领域，而"道"是不分领域的，一旦掌握了，就可以一眼看穿各类事物的本质，可以在各个领域间自由穿梭。

一般来说，各领域的"道"都不会太复杂，一个人的认知越高（达到认知的第三层演绎思维及第四层觉醒智慧），就越觉得这个"道"简单明了，一目了然。作为管理者，当修炼成一眼就能看透事物本质的能力时，就不容易在万象中迷乱，不会被事物的表面现象所迷惑，也不会把现象当成本质。

——拔苗助长——

这个成语的出处是《孟子·公孙丑上》，说的是古代宋国有一位农夫看到自己田里的禾苗长得比别人的慢，心里非常着急。他每天到田里查看，发现禾苗似乎没有明显的生长。于是，他突发奇想，决定亲自帮助禾苗生长，将每一棵禾苗都拔高了一些。农夫辛苦工作了一整天，回到家后还向家人炫耀说："我今天让禾苗长高了不少！"然而，他的儿子跑到田里查看时，发现所有的禾苗都已经枯萎了。

得"道"的过程本身就是一个艰难曲折、不断反复、深化的过程。除了天赋很高的人，一点就通，绝大多数人唯有不断实践，潜心总结，勤于思考，某一天突然浮现出某个道理时，才会恍然大悟，此时就像武侠小说写的"瞬间感觉任督二脉被打通了"，那时就算是真正得"道"了。

和"道"相对应的是"术"，"术"就是我们所说的各种方法与工具。

一般来说，学来的是"术"，悟到的才是"道"。从书上和人那里学到的，永远只是知识；只有在实践中经历并领悟到的才是智慧。

而当管理者一旦掌握这个领域的"道"，再看各种各样的"术"，就会变得特别简单。

有道无术，术尚可求也，有术无道，止于术。

2. 像"哆啦 A 梦"口袋一样的"术"

《哆啦 A 梦》是很多人耳熟能详的动漫作品。哆啦 A 梦有神奇的百宝袋和各种奇妙的道具，前面说的"术"就类似哆啦 A 梦口袋里的道具。

一位管理者最好要让自己多一些工具和方法（"术"），当遇到各种问题时可以像哆啦 A 梦掏出道具一样掏相应的方法与工具。查理·芒格曾说过："只要有 80~90 个思维模型，就能解决生活中 90% 的问题。"

以笔者的前两本书《高效员工管理：写给管理者的 6 个锦囊》《结果思维赋能：写给管理者的 6 个锦囊》为例，管理者应掌握的每一个管理动作都有对应的"术"，如图 4-2 所示。

对于今天职场的大部分情形，笔者不担心管理者手中的工具与方法太多，相反很多时候是管理者手中的工具与方法太少，大多数时候是凭着感性认知和经验在作判断。就像当一个人手里只有一把锤子时，看任何东西在他眼里都像是钉子。

《结果思维赋能：写给管理者的6个锦囊》		《高效员工管理：写给管理者的6个锦囊》	
“事”的层面		“人”的层面	
管理动作	“术”	管理动作	“术”
目标分解	WBS	选对人	三维模型
制订计划	甘特图	育好人	721法则、八种方法
派活（分配目标）	五角星模型	激活人	赋能六角模型
跟踪检查	五定原则	留住人	“薪”心相印模型
辅导	言传身教、问题纠正、GROW模型	—	
解决问题	五步骤		
改善创新	四种方法		
利益分配	绩效飞轮		

图 4-2　管理动作对应的“术”

3. 高手是如何跨界思考的

各个领域的高手非常善于跨界思考，他们不仅对本领域不断探索和钻研，努力做到“一米宽，万米深”，还能博览群书、旁征博引，善于把看似不相干的东西能有机地联系起来，从而让自己站在领域的认知之巅！

——跨界思考——

丁谓是宋真宗时期的宰相，有一次君臣好多人在一起喝酒，宋真宗突然问，现在像这样的酒在外面市场上卖多少钱？马上就有人回答了，现在这个酒价钱多少多少。宋真宗好像突然对酒的价格好奇起来，接着又问道：“那唐朝的时候，酒卖多少钱？”

此时臣子们面面相觑，不知该如何回答。此时丁谓回答：唐朝的酒是 30 钱一升。宋真宗又问，你怎么知道的？丁谓回答，杜甫有首诗：“速宜相就饮一斗，恰有三百青铜钱。”一斗酒 300 钱，那一升就 30 钱。宋真宗一听，特别高兴，连连夸奖丁谓。

这个故事里的丁谓不仅各种诗词歌赋信手拈来，而且可以随时把不同领域的信息有机组合进行逻辑分析，真是一位高手也！

五、逻辑成立，事实必将呈现

这里先介绍一个爱因斯坦的故事。

爱因斯坦一生的成就中包括 1905 年提出光子假设、成功解释了光电效应（因此获得 1921 年诺贝尔物理学奖）；同年创立狭义相对论，1915 年创立广义相对论。作为广义相对论的重要预言之一：物质和能量会使时空弯曲，形成引力场。当光线经过这个引力场时，它会沿着弯曲的路径传播，而不是直线传播。

然而，爱因斯坦提出这个理论时，并没有实验证据，而是通过前人的思想总结以及逻辑推导计算出来的。1911 年，他算出日食时太阳边缘的星光将会偏折 0.87 角秒（1915 年爱因斯坦把太阳边缘星光的偏折度修正为 1.74 角秒）。

如何证明爱因斯坦的这一理论是正确的？这确实是一个难题，因为光线弯曲的效应不可能用眼睛直观地在望远镜内或照相底片上看到，光线偏折只有通过大质量物体（比如太阳）附近发生弯曲的程度才能被观测、测量，并且归算后才能得出。

怎么办？只有等发生日全食时对太阳所在的附近天区进行照相观测，并且等若干时间（最好半年）之后，太阳远离了发生日食的天区，再对该天区照相观测。通过对前后两组对比进行测算，才能确定光线被偏折的程度。

在 1919 年 5 月 29 日的日全食期间，也就是爱因斯坦的广义相对论提出四年后，由两个独立的团队成功地进行了观测太阳边缘附近恒星位置的变化。通过当时技术条件下能实现的最高质量观测，他们证实了远处的星光会被太阳引力弯曲，并测定了弯曲的程度。这次实验的成功验证了爱因斯坦的广义相对论，也为之后的天文学研究奠定了基础。

逻辑成立，事实必将呈现！

有逻辑的人能够很快洞悉事物本质，而没有逻辑的人总是在一些表象问题上兜圈子。今天对绝大多数普通人而言，在社会上的安身立命之本，如第三章第二节所谈，就是要找到自己的“生存缝隙”，然后尽可能做到一米宽万米深。而要做到一米宽万米深，有两个非常重要的基石：第一是不断提升认知高度；第二则是掌握一定的逻辑知识。

事实上，这两个基石也是普通人处世的两大神器。因为人类的知识看起来好像有千万种，但是这些知识所反映的关系却只有四种：类别关系、因果关系、美丑关系和利害关系。

如果说美丑关系、利害关系属于认知提升范畴，类别关系、因果关系就属于逻辑知识范畴。这些关系涵盖包括社会科学、人文科学、自然科学等内容。

——逻辑是哲学的本质——

伯特兰·罗素（1872—1970），英国哲学家、数学家、逻辑学家、历史学家、文学家，分析哲学的主要创始人，世界和平运动的倡导者和组织者，主要作品有《西方哲学史》《哲学问题》《物的分析》等。1950 年因《论婚姻与道德》一书获得诺贝尔文学奖。另外，他 1920—1921 年曾在北京大学任客座教授。罗素有一位名师：怀特海；还有一位高徒：维特根斯坦。

罗素认为逻辑是哲学的本质，真正的哲学问题都可以归结为逻辑问题。以数理逻辑为基础的语言是一种在逻辑上完善的语言，这种语言完全是可分析的，它为哲学提供了一种方法，即逻辑分析的方法。

罗素认为世界由许多事物组成，而且事物之间具有一定的某种关系。他认为，要了解任何主题的实质的途径是分析，对某一事物不断进行分析，直至无可分析为止，那时所剩的就是逻辑原子。他说，我把它们称之为逻辑原子，不是因为它们是最小粒的物质，而是构成事物的绝对简单、不可再分的“基本事实”。

掌握逻辑知识的人具备以下几个特点：①思考问题是遵循逻辑方法的；②思考问题是分析型的，善于利用各种模型并按部就班进行；③思考问题是前后一贯的，而非模棱两可的、自相矛盾的。

一般来说，逻辑知识主要分为以下三个主要内容，如图4-3所示。

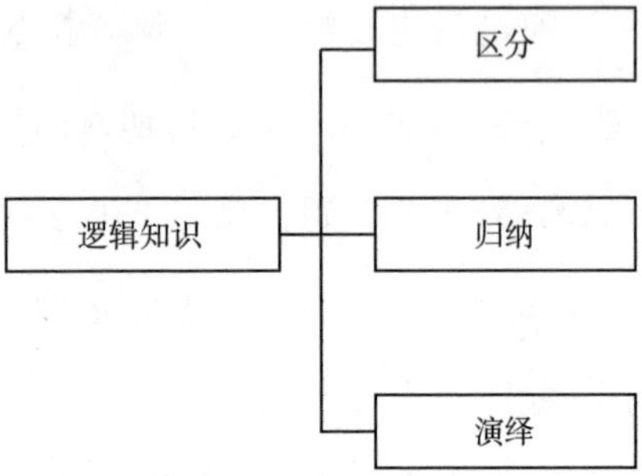

图4-3 关于逻辑的三个主要内容

（1）区分（类别关系）：

国学经典《大学》里讲一个人成长的过程有以下几个阶段：格物、致知、正心、诚意、修身、齐家、治国、平天下。

其中第一件事情就是格物，即把不同的事物分门别类理清楚。格物也就是逻辑里所谈的区分，能清晰明了地把事物多维度、分类分级地剖析。

区分能力越强的人，对于事物的了解程度就越通透。

善于运用区分能力的人在与他人讨论问题前往往会先把双方的概念、判断的理解区分清楚，这样更容易达成共识。

因为人们之间的交流往往是语言相通，但词语不通。同一个词，不同人的理解是不一样的。比如公司开各种商业会议时，大家讨论经营、管理、战略、定位、组织、品牌、营销，其中每个词都被频繁使用，但可能表达的是不同的意思。

奥地利籍的哲学家维特根斯坦就曾说："词语的游戏规则在语言游戏中建立，也在语言游戏中修改。当我们交谈的时候，我时常感到需要把词语从我们的交谈中抽离出去，送去清洗，清洗干净之后，再送回我们的交谈中。"

（2）归纳（因果关系）：

人类在进化过程中，归纳法是人们认知事物的有效方法。所谓归纳法就是以个别性认知为前提推出一般性认识为结论的方法。归纳法是从特殊推出一般的方法。归纳法的输出，不是"定律"，而是"猜想"。

在各个领域里，人们在工作时都会归纳出一些经验以及方法，比如：

"雷打立春节，惊蛰雨不歇"；

"夏至有雷三伏热，重阳无雨一冬晴"。

在科学领域里，归纳法同样重要。归纳逻辑中人们常常运用“穆勒五法”，具体包括求同法、求异法、并用法、共变法、剩余法。

17 世纪，英国哲学家弗朗西斯·培根在《新工具》一书中首次提出科学主义归纳方法，因此归纳法也被称为“培根法”。

由于归纳法得出的结论只是“猜想”，因此人们必须对猜想之外的可能性，也就是黑天鹅，永远心怀敬畏。

（3）演绎（因果关系）：

如果说归纳法是从现象提炼出猜想，演绎法则是把猜想证明为定律。

演绎法是从一般性的前提出发，通过推导（即“演绎”），得出具体陈述或个别结论的过程。

最著名的就是古希腊哲学家亚里士多德提出的三段论演绎法。三段论，顾名思义有三个组成部分——大前提、小前提和结论。在大前提和小前提正确的基础上，结论必然成立。我们可以用一个经典的三段论句式来说明。

所有的人都会死；

亚里士多德是人；

所以，亚里士多德会死。

演绎法的本质就是通过一步步推导得出结论，而且这个过程是可以“证伪”的。20 世纪最伟大的哲学家之一卡尔·波普尔认为：只有具备可证伪性的表述，才能被视为科学的表述。这里的“可证伪性”的意思是，一个理论若要具备科学性，就必须存在能对其进行验证的方法。

前面说的爱因斯坦关于光的传播路径会弯曲的理论，就是一个先通过演绎得出的结论，然后再通过实验验证的过程。

由于演绎法的运用如此重要，以致人们常常在谈逻辑时，会把逻辑等同于演绎法（其实不是，逻辑包括区分、归纳、演绎）。不合逻辑往往存在漏洞，违背常识的事物则需谨慎审视，说的就是这个意思。

弄清楚事物的因果关系就是非常朴素的逻辑演绎方法。某种意义上来说，逻辑是对思想的剖析，是智慧的开端，是思想和推理的技术，是让人信奉真相的技术。

六、关于习惯，给管理者的三个建议

如果要给企业管理者推荐关于自我成长方面的培训课程，笔者会推荐以下几门课程：① MBTI 性格类型测试（了解自我、了解他人）；②逻辑思维训练（逻辑是认知世界的一把利器）；③个体认知世界四个层次及问题解决五步法（从认知到问题解决的方法论）；④非财务经理的财务管理沙盘模拟（掌握公司运营的财务知识）；⑤高效能人士的七个习惯（只有成为习惯后，改变才会出现）。

在这几门课程学习中，笔者还会强烈建议每一位管理者读几遍阅读史蒂芬·柯维的《高效能人士的七个习惯》，因为不同年龄的人阅读时体会和感受会不一样。史蒂芬·柯维在书中认为：习惯是改变的基石，而以下这七个习惯是帮助每一个人以新的眼光看待世界和认真对待生活的勇气。

（1）积极主动：即使其他权利都被剥夺了，我们也总要有选择对外界刺激做出何种反应的自由。每一个人要对自己的行为负责，反求诸己，由内而外，把焦点放在“影响圈”，而不是“关注圈”。

（2）以终为始：希望别人在自己的葬礼上说些什么？那么为自己确立个人使命宣言，然后由终向始做出反向的努力。

（3）要事第一：当有了使命宣言后，就可以将其融入每一天的行动中，把时间花在那些真正重要的人和事上。

（4）双赢思维：一个人的成功不一定要以剥夺别人的成功为代价，在人际关系中尽可能做到“各美其美，美美与共”的双赢模式。没有向情感银行的人际关系账户打入存款，就没有信任。

（5）知彼知己：通过理解他人来建立更好的沟通，养成运用同理心表达、倾听、回应的沟通好习惯。

（6）统合综效：创造性合作是寻找能令各方都获益的、新的可能性的创造过程。其本质是珍惜差异，取长补短。珍惜差异能让我们发现及产出远大于个人所能做出的结果。

（7）不断更新：每个人都需要平衡及不断更新每天进行的生理、心智、心灵、社交 / 情感等四个层面的活动，并让自己螺旋式地上升、改变，日臻完善。

基于史蒂芬·柯维《高效能人士的七个习惯》的思想，结合工作的实践，笔者这里补充其中三个习惯的建议。

第一，以终为始的习惯：多做些反“人性”的事

“能不消耗能量就不消耗能量”就是“人性”，人们都会喜欢和习惯做那些少消耗能量的事情，比如：

事少钱多离家近的工作；

差不多就好，能做 60 分绝不做 61 分；

沉迷于各种短视频以及相应的娱乐社交媒体；

以终为始的习惯就是在帮助个人明确使命宣言，因为只有坚定执行个人使命宣言的人，才愿意消耗大量能量去做要做的事情！有些人是拒绝深入思考的，因为思考需要极大地消耗能量。托克维尔曾说：“让世界接受一个简单的谎言，比理解一个复杂的真相要容易得多。”

真正的高手大都在做反“人性”的事情。高手和小白之间最大的区别就是：高手总是一招练 1 000 遍，简单的事情重复做，不断循环、打磨、精进，他们信奉的是长期主义；而小白总是一天想练 1 000 招，渴望马上掌握，一劳永逸，他们信奉的是机会主义。

什么叫不简单？能够把简单的事天天做好，就是不简单！

什么叫不容易？大家公认非常容易的事情，非常认真地做好就是不容易！

简单的招式练到极致就是绝招，但这是一件不容易的事情，因为它需要消耗大量的能量，而且需要有不断聚焦的能力。在做这件事的过程中，要放弃娱乐生活，放弃无效社交，放弃无意义的消费，以及在这个过程中不被理解的孤独。这本身就是一种自控能力和深度思考能力的体现。

而实际生活中，有些人更渴望得到的是一些不需要浪费太多能量的“高招”“秘诀”！

执行力是普通人杀出重围的核心竞争力。这个世界最容易被忽视但也是最可怕的力量，就是在一个点上重复叠加，当量变到质变时，就会带来相应的奖励，而这种奖励会让个体更加接受延迟满足，更耐受枯燥和重复，然后做到更好，形成马太效应。任何事情都是一开始很难，但越做会越容易。

第二，要事第一的习惯：给自己“宏伟、艰难、大胆的目标”

要事第一的习惯指的就是“最重要的就是把最重要的事放在第一位”。而最重要的事，就是善于给自己“宏伟、艰难、大胆的目标”。

为什么目标要大？

因为一个没有目标，或者目标不够大的人基本就是靠自己的生理欲望驱动，饿了就吃，困了就睡，很难走出舒适区。此时只有靠另一个更大的欲望（目标），来对抗自己能不消耗能量就不消耗能量的本能，才能更好地行动起来。同时这个更大的目标，也是上进心的最直接体现。

对我们大多数人来说，最大的问题不是我们的目标太高，无法达到；而是目标太低了。《易经》中有句话，“取法其上，得乎其中，取法其中，得乎其下”，也就是说，当我们确定的是高目标，最后可能达到的只是中等水平，但如果定的是一个中等目标，最后也许只能达到较低的水平。而制订极具挑战的目标，意在打破现状。因为每个人都有几乎无法察觉、无法改变的惯性，唯有高挑战的目标，才可能把自己从惯性中拽出来。

正如那首非常知名的歌曲《爱拼才会赢》，因为相信，所以看见；因为想赢，所以会拼！

企业是这样，个人的习惯也应该是这样：心里有梦想，脚底有力量！

第三，不断更新的习惯：stay Hungry, stay foolish（求知若渴、虚怀若愚）

“stay Hungry,stay foolish”是已故苹果创始人乔布斯的名言，中文是求知若渴、虚怀若愚。意思是永远不要自满，应该不断学习，不断更新自己。

永远不要放弃学习，汲取多维度的知识，可以帮助我们保持深度思考的能力，也更容易理解周围的人、事、物。练好自己的本领，拥有独一无二的竞争力，才能在这个社会上立足。当拥有不可替代的能力，我们才会有更多选择。

但学习是一件特别消耗能量的事，王国维在《人间词话》里讲到学习有三重境界：

第一重是“昨夜西风凋碧树。独上高楼，望尽天涯路。”

第二重是“衣带渐宽终不悔，为伊消得人憔悴。”

第三重是“众里寻他千百度，蓦然回首，那人却在灯火阑珊处。”

学习是一件反“人性”的事，那么我们如何养成学习（不断更新）的习惯？

（1）学习是点滴积累的过程，也是可以产生复利价值的事情。我们在学习中投入的每一分钱和每一秒钟都会以一种无法想象的速度回报给我们，当然学习不仅是求知、阅读，更是断思考和探索。

——案　例——

查理·芒格（1924—2023）。沃伦·巴菲特的黄金搭档。芒格从小就养成了阅读的习惯。

芒格在回忆录里说：“我在做律师的时候就知道，要把一天中最好的时间卖给自己。所以，我总是把一天中最好的一个小时用来阅读和学习。等自己充完电以后，我才把时间卖给客户，去提供法律服务。”他说：“我这一辈子都是在和古人对话，先贤圣者的智慧，我们很多当代人无法企及。在与先贤的对话中，我们能够学到很多。你想见他们也用不着舟车劳顿，只要翻开一本书，他们就来到了你的身边。在这里，我也建议大家，要多和先贤圣哲交朋友。”

（2）在为生存学习的同时，将其慢慢转换到为个人使命宣言学习，为实现个人“宏伟、艰难、大胆的目标”学习，从“要我学”到“我要学”，慢慢养成一种学习习惯。要知道，获取知识的能力比知识本身更重要。学习的真正目的，是为了建立更加开放和全面、健康的思维模型，而不只是获取知识本身。如果只是为了获取知识，那就会成为知识的奴隶，落入知识的陷阱（另一种执念）。

（3）读书的两种心态，一种是把自己当成一个空瓶子，从外往里灌东西，东西多，瓶子小，难免产生痛苦；另一种是把读书看成社交，可以跨越时空和不同的智者进行思想交流，不管是在现实世界还是在书的海洋，都可以聊上两句。不同的读书心态，效果会不一样。

养成好的阅读习惯，可以从自己感兴趣的领域的入门读物开始，一点一点地找到阅读的成就感，特别是当突破一个困扰很久的疑问时，那一刹那产生“心流”的快感，丝毫不会输于世间任何的人间美味和美景！慢慢地，就养成了一种对一个领域探索的习惯，越钻越深。

（4）向高人学习，读万卷书不如行万里路，行万里路不如阅人无数，阅人无数不如高人指路。高人指路往往是节约时间与精力最有效的方法，多多留意和结交这样的高人，学习他们的经验、智慧、知识、能力、思维、做事方法。

（5）学习的过程是一个“认知—行为—结果—思维”的闭环。一个人从一个新的认知开始，把认知转化为行为，并且在实践中取得成果，然后把心得总结提炼成自己的经验和知识体系，这样才算走完一个完整的正反馈学习回路，然后不断重复强化回路，才算掌握这一知识和技能。

个人技能是练出来的，不是教出来的，人教人，很难学会；事教人，一次就够。

（6）掌握三种顶尖的学习方法。

“费曼学习法”：把所学的东西讲给别人听，如果能通俗易懂地讲清楚，就说明你学会了，这也是用输出倒逼输入。

“康奈尔笔记法”：把学习笔记分三部分，第一部分是对内容的简要整理；第二部分是对所学内容的简要总结；第三部分是写出学习后的发现及如何应用的感想。

“麦肯锡学习法”：如果需要快速了解某一领域，那就找到这个领域最具代表性的五本书，搞懂这个领域的五十个核心关键词，找行业最顶级的五个人聊天，然后再咀嚼、消化并实践。

这里引用小说家查尔斯·里德的一句话作为本节的结束语：“播下一个想法，你就会收获一项行动；播下一项行动，你就会收获一个习惯；播下一个习惯，你就会收获一种命运。”

七、TED 演讲背后的秘密：结构化思考和专业呈现

TED 演讲是由 technology，entertainment，design 在英语中的缩写，即技术、娱乐、设计，组织主办的一系列演讲活动。TED 是一个非营利性组织，旨在通过分享思想和经验来改变世界，促进创新与思考。 TED 演讲的内容涵盖多个领域，包括科技、娱乐、设计、商业以及科学等。但凡有机会到 TED 大会现场作演讲的人均有非同寻常的经历，他们要么是某一领域的佼佼者，要么是某一新兴领域的开创人，要么是做出了某些足以给社会带来改观的创举。从 2006 年起，TED 演讲的视频在网上受到全球观众的热捧，并由此在全球衍生出许多类似 TED 形式的项目。

TED 演讲的时间通常限定在 18 分钟内。其目的是确保演讲者能够在有限的时间内清晰、有力地传达他们的想法和观点。这种时间限制不仅要求演讲者严格把控时间，还需要他们专注于一个核心观点，精心组织内容，通过清晰的结构和有力的表达来吸引听众的注意力，确保在有限的时间内传达出最重要的信息。

1. 结构化表达

如何在18分钟进行一次精彩的演讲呢？秘密在于他们的内容都非常有逻辑，用严密的逻辑结构把自己的观点呈现出来。而要做到严密的逻辑结构主要有两个技巧：

第一个技巧：把事物区分清楚。如本章第五节所谈，区分是逻辑知识的一部分，即可以清晰明了地把事物多维度、分类分级地剖析，包括它们之间的对应关系，而且做到不遗漏、不重叠。

第二个技巧：运用金字塔原理的方法，把区分后的事物像金字塔一样有机地组合起来。

举个例子，在家庭生活中，太太经常会嘱咐先生到超市采购家庭食品，说了一堆要买的东西，此时先生就可以把需要采购的食品用金字塔结构表现出来，如图4-4所示。

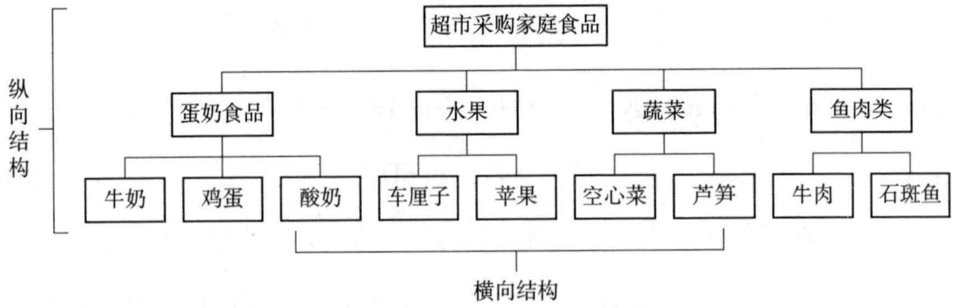

图4-4　金字塔结构

在金字塔结构里，一个金字塔结构只表达一个思想；纵向结构中上一层次的主题必须是其下一层次内容的概括；横向结构中的内容都必须属于同一范畴，且都必须按逻辑顺序组织（并列式或递进式）。

并列式：理论a—理论b—理论c

递进式：（1）过去—现在—未来；（2）第一步—第二步—第三步；（3）问题—原因—方法；（4）起因—经过—结果。

那么，结构化表达有什么好处呢？

对于表达者而言，结构化表达有助于记忆，不容易遗忘；同时可以把事情想清楚、说明白并能够令人信服。

对于聆听者而言，表达者的内容越结构化，就越容易理解；越容易理解，就越不需要消耗太多的能量；越不需要消耗太多的能量，就越容易听下去。要知道，人类进化 DNA 的底层逻辑是“能不消耗能量就不消耗能量”。

自己说得有多好没有意义，对方听到及接收到什么才是重要的。结构化表达正是帮助表达者实现这个目标的一把利器。

2. 专业呈现

精彩的 TED 演讲除结构化思考外，其专业呈现的方式也值得管理者们学习。以下是十点建议：

（1）只讲自己擅长领域的内容。

（2）努力把要表达的观点压缩到只有一个，所有的论点都指向要表达的观点。

（3）“化繁为简”于呈现者而言是一种挑战，只有看到本质和规律的人，才更容易寻找到最核心的要素和关键点。它体现了一种简洁的美学思想，即用最简单和最直观的表达方法。

（4）对要分享的内容熟到不能再熟，并用结构化的方式表达出来，这是“道”。如何做到不紧张，用《卖油翁》里的话就是“无他，惟手熟尔！”

（5）why（为什么）—what（是什么）—how（如何做）是常用的逻辑方法。

（6）仪容、着装、声音、眼神、手势、站姿等是加分项，但它们只是“术”，表现自然、呈现自己风格即可。表达的最高境界，是用自己的态度、能量去感染别人，用自己的语言去引发别人的共鸣，从而达到目的。

（7）掌握一些演讲的技巧，比如事先了解听众，然后用听众听得懂的语言去表达，并与听众有眼神交流；比如讲一个自己的小故事开场引出主题就是一种常用的方法。再比如过程中恰当运用 1~2 分钟的小视频会让整个演讲更加生动。

（8）善于运用峰终定律（即我们对于一段过去的经历是不是感到愉快，取决于两个因素：第一，这个经历中最顶点的体验；第二，这个经历结束的那一刻我们的感受），在过程中准备一两个让人记得住的细节或者金句，然后再准备一个厉害的结尾。

（9）享受每次呈现的过程，是锻炼自己思维的一种有效方式。

（10）练习、再练习。

如果呈现过程还需 PPT 作为辅助工具的话，建议考虑以下五个方面：

（1）少即是精，简洁就是一种美。

（2）文不如字，字不如表，表不如图。

（3）字号够大，色彩不要太强，三色为限。

（4）保持一致，能不动的就不动。

（5）编辑、再编辑，找到最适合自己的版本。

八、说服力和谈判力

在组织里，无论何种沟通方式，最终目的无非两个：第一是信息分享，比如说公司的新闻公告、制度发布等；第二是达成共识，即双方达成共同认可的计划、行动、方案等。

“他很难缠的，我很难说服对方！”

“我都说了好几遍了，可他就是不听！”

“我说的一点都没错，你怎么就是不听呢？”

“我都讲得这么清楚了，你怎么还是不懂？”

这几句话所表达的都是：双方没有达成共识。

管理者每天都在沟通，与上级沟通、与平级沟通、与客户沟通、与下属沟通，目的都是期望双方能达成共识。共识力是管理者很重要的一项元技能。它包括说服力和谈判力。

1. 说服力

当你在沟通中对形势进行了预判和分析，发现事情的最终决定权在对方，而你完全没有决定权时，此时你就需要运用你的说服力了。比如面对上级、客户时，期望让他们相信某事、让他们改变想法，或让他们采取行动时。

很多人以为的说服就是自己摆出足够的事实、道理、数据，然后对方就会觉得你讲得都对，然后就接受了。

然而，我想告诉大家的是：没有人可以被说服，除了他自己愿意说服自己，也清楚地知道自己通过被说服得到什么。

这个世上没有人喜欢被改变，没有人是愿意打心底里乐于失败的，更没有一个人能发自内心，很爽快地接受自己是错的。而被说服从某种意义上讲就是被打败。

因为每个人大脑中既有的看法、想法，已然存在的观念或立场，都是无数种过去的生活经验当中的偏好和选择的结果。

以下的这四个步骤，可以增加你的说服力（见图 4-5）：

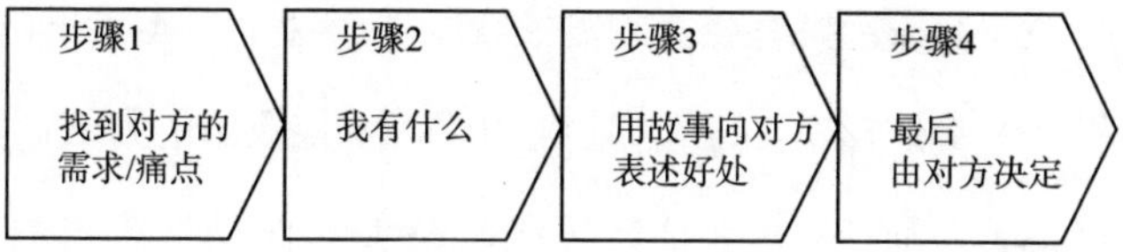

图 4-5　说服四步骤

步骤 1：找到对方的需求 / 痛点

《孙子兵法》曰：“知己知彼，百战不殆”。说服第一步是了解对方的需求 / 痛点。

需求 / 痛点包括对方的立场观点，有什么需求以及会有什么意见？

通过倾听 / 观察 / 理性判断，了解对方的情感、对方的思想、对方的观点来判断对方的需求 / 痛点。

步骤 2：我有什么

针对对方的需求和痛点，你可以提供什么来帮助对方解决需求和痛点。简单来说，就是“你有病，我有治病的药”。

我有什么，可以是产品、建议、想法、观点、解决方案。

步骤 3：用故事向对方表述好处

这里可以借鉴《影响力》这本书里的六个技巧：互惠、稀缺、从众、权威、一致性和承诺。比如：

①互惠：“双十一”各电商平台里，以类似“买 500 送 100”的活动来吸引消费者购买，这就是互惠说服的方式。还有超市里提供的各式试吃服务，就是运用互惠原理，通过试吃，让顾客买更多东西来回报。

②稀缺：苹果、小米所谓的“饥饿营销”都是利用了稀缺性。

有些商家推出“最后 3 天，手慢无”这样的推销广告，也是一样的方法。

③从众：各电商平台里的商品下面会写“已拼 10 万 + 件”或者“月销 5 000 件”便是利用人们的从众心理。上学时，大部分同学会买班里大多数同学都有的玩具，这也是从众心理的体现。

④权威：当你进入一家略有档次的餐厅，服务员递上一本菜单，头几页里的菜品上用大字写着“大厨推荐，二十年口口相传”，就是权威的方法。

当年“小罐茶 • 大师作——8 位泰斗级制茶大师作品”广告语也是用的这一方法。

⑤一致性和承诺：服装店的导购特别热情地引导你试穿，还会让你在镜子前多照照，慢慢你就会对衣服有好感和适应，这就是，一致性初步建立。

还有，各电商平台常常会提醒你的“常买物品”，意思就是你上个月买了，这个月大概率还会买，这也是一致性！

⑥喜好：向少年销售希望，中年销售平安，老年销售健康，就是投其所好！因为明星同款的衣服，所以就买了，爱屋及乌。

事实上，这六种“说服”方式的本质是一样的：那就是利用利益吸引或满足人性的底层需求让对方相信这个产品或方案对他是有益的。

步骤 4：最后由对方决定

当你去购买某个商品时，如果商家告诉你：买完付钱后概不退还。此时你一定会犹豫再三，大概率你不会购买。相反，当商家告诉你，不满意随时可以退款时，你会更容易下决定。

当决定权在对方时，不要急着成交，有时欲速而不达。记住，“没关系，你随时可以反悔”，也许是最有说服力的一句话。

让人有退路，反而是充满高度的说服力。

——案　例——

欣欣食杂店位于一家医院的对面，日常销售的有食品、日用品及饮料。来他小店购物的除了来看病的病人和家属外，还有来探视病人的人和来往的行人。这家小店是小李的客户，小李会定期每周拜访这家客户，以往欣欣食杂只是卖公司的汽水、果汁以及水的产品。

时值夏日，最近公司推出了一款新的无糖茶，业务员小李期望欣欣食杂能进货并开始售卖新产品。

“老板上午好，最近好热呀！”

“对呀，热死了，热得都让人快喘不过气来了。”

“哎呀，热得好呀，这样大家才更愿意补水。”

“这倒是，我一天都要补好两次货呢。”

“太好了，这是好事情，开店就是要周转快一点，这样收入才会更高嘛。对了，有一个好消息，我们公司又有一款新的产品推出了，是全新品类——不含糖好喝的茶。你看现在人们对于健康的重视不断提高，无糖饮料正在成为一种趋势，特别是你的店就在医院门口，每个从医院出来的人都会对吃的、喝的提出更高要求。我们这款茶的毛利可高了，一箱 12 瓶，每瓶进货价才 3 元，而零售价市场上是 5 元，一箱就有 24 元的利润。我们是大品牌，你的店位置又这么好，一天预估可以卖 3 箱，一天的利润就有 72 元，一个月就有近 2 000 元的利润。怎么样，要不咱先来3箱试试？”

“嗯，听起来不错，那就先进3箱试试吧。”

“好嘞。”

2. 谈判力

谈判，顾名思义，就是双方都有筹码，决定权既不在对方，也不在第三方，而是双方通过对话期望达成共识的过程。

谈判的本质其实就是双方彼此不断让步、不断条件交换的过程。

一般来说，筹码越少的人让步越多。某种意义上，说服也是谈判的一种情况，只不过筹码100%在对方手上而已。

关于谈判，这里提供八点建议：

第一，双方彼此的信任是谈判达成共识的基石。信任度越高，达成共识越容易。如果你能在谈判前就跟对方建立情感联系，并能调动对方情绪，你会发现谈判会容易许多。

第二，当天平的筹码都倒向对方时，没有一种谈判技巧能保证成功。有时，你身上的筹码才是关键。

第三，无论自己和对方的筹码是多少，尊重和重视对方，是让谈判容易达成共识的关键。

第四，没有一种谈判技巧是永远有用的，针对不同对象、不同场景，需要不同的谈判方法。

第五，每次谈判前，明白自己的策略是什么，利益是什么，切记一定要清晰、明确地写下自己的目标，而且这个目标越具体越好，同时明确自己的底线。底线可以在谈判过程中帮助你抵抗压力以及经得起诱惑。

当买方愿意出的最高价（举例80万元）高于卖方愿意接受的最低价（举例75万元）时，双方出现底线重叠区，此时双方达成协议的可能性就会变得很大，如图4-6所示。

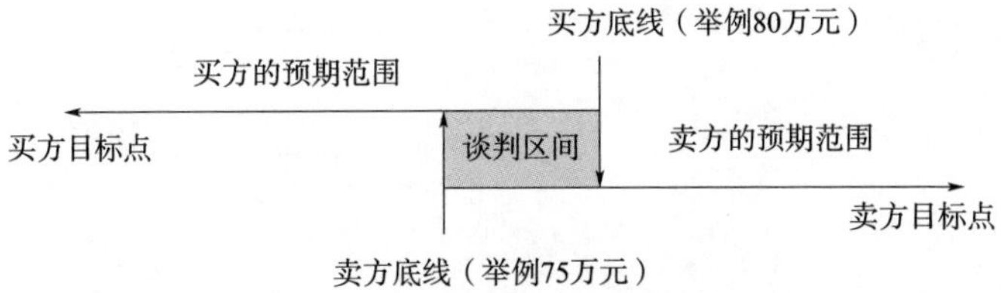

图 4-6 买卖双方底线重叠区

当买方愿意出的最高价（举例 70 万元）高于卖方愿意接受的最低价（举例 75 万元）时，此时双方底线不存在交集，要想达成协议的可能性几乎没有，此时继续花大量的时间讨价还价，可能会徒劳无功，甚至还会增加时间成本，如图 4-7 所示。此时除非双方还有其他的利益点可以一并谈判，在不同事项间进行利益交换，方能达成能够满足双方需求的谈判协议。

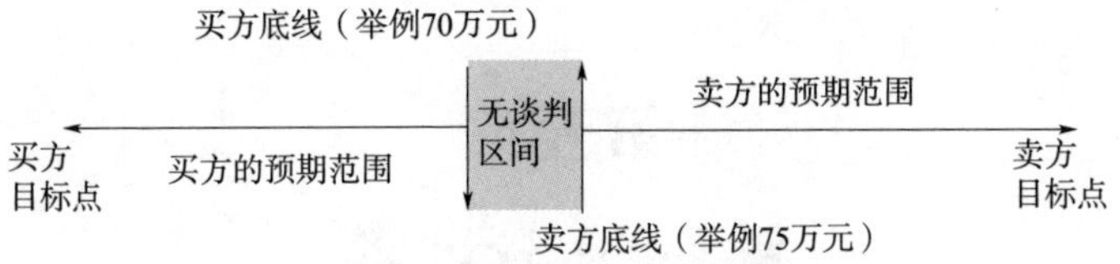

图 4-7 买卖双方底线无重叠区

第六，不要轻易地把自己的底线过早暴露，也不要轻易地被对方提的要价所蛊惑。比如，商家常常会把同一类不同款的商品标好价格，当你进店看了不同款 的商品价格后，也就比较容易接受相应的价格。心理学上称之为“锚定效应”。

第七，有人要橘子皮，有人要橘子肉。不同的人因为需求不一样，所以对同一事物的价值判断也不一样，往往这就是让步空间的机会，失之东隅收之桑榆。

举个例子，快速消费品饮料行业很愿意帮助零售商铺的门店招牌上放带有自己品牌的店招广告，因为这是最好的广告曝光位。然而这些零售商铺的店主并不太在意门店招牌用谁家的品牌广告。于是，捷足先登的厂商很容易就可以用几箱饮料就可以换到商铺门店的广告位。这就是典型的谈判不等价交换，各取所需。

第八，不建议学习并运用通过设很多陷阱的方法拿到谈判结果，那样不会走得远。坦诚相对、恪守道德才是帮助自己与他人打交道走得更远、更有效的方法。

第五章

锦囊5：管理者人文修养

一、为什么需要懂点哲学

没有一点哲学，一个人终身都会是偏见的囚徒。

——罗素

1. 哲学的三大意义

在第四章我们谈到了管理者的元技能，这些元技能是帮助管理者将职业道路走得更远的必备知识和方法。而在本章中我们谈到的管理者人文修养则更多关注的是如何扩大自我认知地图半径，帮助从感性认知破圈到模型思考再跃迁到哲科思维的过程（个体认知四个层次可详见笔者第二本书《结果思维赋能：写给管理者的 6 个锦囊》）。

哲学是提升人文修养绕不过去的话题。按照汉语词典的定义："哲学是关于世界观的学问，研究自然、社会和思维的最一般的规律，是对自然知识和社会知识的概括和总结"。

"哲学"这个词，是由希腊文中的 philosophy 翻译过来的。中国晚清的学者黄遵宪第一次把这个表述介绍到中国来，从此中国学术界就开始用它来表述中外的哲学学说，意为明辨事理之学。这也意味着对真理的追求、对世界的叩问、对历史的把握、对人生的理解、对知识的分析以及对一切的怀疑！

那哲学对于普通人有什么意义？笔者认为有三大意义：

第一，哲学是掌握认知世界的思考方式。

哲学思考有三大基石，分别是区分词语、因果和逻辑。掌握这三大基石是普通人认知世界的有效方法。

在区分词语方面，西方古典哲学史上最伟大的哲学家苏格拉底特别擅长运用"苏格拉底对话式"来帮助他人辨明语义。

——案　例——

苏格拉底与欧谛德谟谈论什么是正义。

苏格拉底：虚伪属于正义，还是非正义？

欧谛德谟：非正义。

苏格拉底：偷盗、欺骗、奴役等，属于正义，还是非正义？

欧谛德谟：非正义。

苏格拉底：对于那些极大损害了国家利益的敌人，一个将军惩罚了他们，并对他们加以奴役，属于正义，还是非正义？

欧谛德谟：正义。

苏格拉底：将军偷走了敌兵的财物，或者战斗中欺骗敌人呢？

欧谛德谟：这当然属于正义，但我是说欺骗朋友。

苏格拉底：一位元帅，因为士兵们士气不振而精神崩溃，他欺骗部下“援军很快到来”以激励士气呢？

欧谛德谟：应该也是正义吧。

苏格拉底：一个生病又不肯服药的孩子，父亲说“药不苦、很好吃”，骗孩子吞了下去，病也好了。属于正义，还是非正义？

欧谛德谟：正义。

苏格拉底：一个发了疯的人，他的朋友怕他自残，偷走了他的刀子与利刃，这属于正义，还是非正义？

欧谛德谟：是，应属正义。

苏格拉底：你不是说，朋友之间不能欺骗吗？

欧谛德谟：请允许我收回我刚说的话。

前面，我们提到同一管理词汇对于不同学历、不同成长背景、不同职业经历的管理者而言，他们的认知和理解是不同的，因此区分词语的哲学思考方式是管理者日常工作中常备的一种思维方式。

而当大家对于词语有了清晰的界定后，然后就可用逻辑推进（归纳及演绎），探求因果，找到真因。因果关系是这个世界最基础的关系，每一件事情，必有其原因，当你无限追溯，就可找到真因。

哲学的本质其实就是逻辑，真正的哲学问题都可以归结为逻辑问题。以数理逻辑为基础的语言是一种在逻辑上完善的语言，这种语言为哲学提供了一种方法，即逻辑分析的方法。这也是第四章第四节“逻辑成立，事实必将呈现”的基础。

管理者每天工作都会碰到不同的问题，而因果、逻辑哲学思考方式可以极大地提高管理者自身的对问题的思考力和解决力。

人们常犯错误，其根本原因就是没有找到真因，失败了找不到真因，成功了也不知道自己是怎么成功的，有时即使总结经验，得到的也是一知半解的个人主观总结。

第二，哲学可以帮助我们认识自我和世界。

“认识你自己”是希腊德尔斐神庙门楣上的铭言，苏格拉底将其作为自己哲学原则的宣言。

哲学是认识世界，认识自我的方法，帮助每个人从不同的角度看世界、看自己，从而调整心态以及看世界的眼光，进而帮助指导每个人的生活。它探究人生的意义与思考智慧，帮助慰藉心灵、发掘力量、让人变得强大，给生命带来力量！

哲学可以给失意的人们带来不一样的安慰和启发，鼓励他们重新出发；

哲学可以给自满的人们带来严肃的警告和提醒，点醒他们飘飘然的心态；

哲学可以给在人生路上迷茫的人们带来一盏照亮前路的明灯，引导他们往正确的道路上前进；

哲学还可以让一个人获得精神的富足。英国哲学家弗兰西斯·培根就讲过：哲学使人明智。

第三，寻找人生意义，是通向幸福的必经之路。

当年罗马帝国时期五贤帝之一，也是《沉思录》作者马可·奥勒留所言：若问人世间还有什么能指引我们的人生？那么，就是哲学。

人生的本质其实是一切体验的总和，每个人来到这个世间走一遭，就是来体验每一天，并期望在有限的日子里获得幸福的人生。在笔者的第二本书《结果思维赋能：写给管理者的 6 个锦囊》里曾谈到幸福有一个公式：

幸福 = 社会价值排序 × 自我认知 × 健康

从某种意义上来说，哲学是通向幸福的必经之路。因为哲学是形而上的思考，帮助每个人在社会价值排序、自我认知、健康这三个维度里找到最好的自我，从而找到自己的人生意义和幸福（具体可见本书第六章第五节内容）。

当然，哲学不等于哲学家的想法。即使我们懂得再多哲学家的想法，那终究是他们对生命和所追寻真理所做的反省和解答，那并不属于我们，最终的答案还需要我们去寻找。

哲学的意义就是指引自己寻找对世界观各个领域的反思和答案，特别是人生的意义，从而找到属于自己的幸福。

2. 哲学的慰藉

说了这么多哲学的意义，笔者比较喜欢这两本书，与大家共勉。

第一本《哲学的慰藉》，作者是波爱修斯，欧洲中世纪初期罕见的百科全书式思想家，有“最后一位罗马哲学家”“经院哲学第一人”“奥古斯丁之后最伟大的拉丁教父”之称。他生活在东罗马帝国时期，在东哥特国王狄奥多里克手下担任公职，因被指控谋反入狱并被处决。

这本书采用对话形式以明晰的思想和卓越的哲学才华，探讨了幸福、善恶、命运和自由意志等内容，是一本对西方后世的文学、哲学等产生深远影响的著作。

第二本《哲学的慰藉》，作者是英国作者阿兰·德波顿，该作品被翻译成多种文字，曾荣登美国《纽约时报》畅销榜榜首。中文翻译者是社科院的前美国研究所所长资中筠。

作者以六位哲学家苏格拉底、伊壁鸠鲁、塞内加、蒙田、叔本华和尼采的人生际遇及其思想，分别对应了与世不合、缺少钱财、受挫折、缺陷、伤心、困难之慰藉六种现实遭遇。

（1）苏格拉底：与世不和的慰藉。即使是预测到自己与这世界的格格不入，当死亡来临的时候依然能坦然接受。

（2）伊壁鸠鲁：对缺少钱财的慰藉。告诉我们要清楚地明白快乐到底是什么，要拥有自由、独立的思想，这样不会盲目地觉得昂贵的东西就是好的。

（3）塞内加：对挫折的慰藉。正视自己人生道路上的挫折，没有人的一生是毫无涟漪的。哪怕自己生不逢时，也要相信老天自有安排。

（4）蒙田：对缺陷的慰藉。每个人都有或多或少的缺陷，没有必要对自己身体上的一些缺陷感到自卑，毕竟人无完人。

（5）叔本华：对伤心的慰藉。欲求人生乐趣，没有必要把时间浪费在一件不好的事情上，学会把痛苦化为知识。

（6）尼采：困难中的慰藉。苦难是非常重要的，因为有苦难才会造就英雄。

为这本书写序的人是周国平。序言里有这么一句话，写得非常好——哲学绝不仅仅是慰藉，哲学更是人生的智慧。它不仅是让我们面对生活当中的苦难，舔舐自己的伤口，还可以让我们的生活变得更好，让我们充满智慧地去发掘我们人生的力量。

二、几种哲学流派及其影响

前面我们说过，哲学作为人类思考和探索世界的一门学科，涉及广泛而深刻的问题。不同的人对于世界观的认知和理解不一样，一群哲学家对世界观的某一个领域或某个话题有自己独特的见解，因此也就慢慢形成不同的哲学理论体系，并形成一般方法论。这些流派对我们每个人在某一个领域或许有一定的指导意义。

1. 古典学派

几乎每一本谈哲学的书都会谈到苏格拉底、柏拉图、亚里士多德。不仅因为他们是师生关系——苏格拉底是柏拉图的老师，柏拉图是亚里士多德的老师，更重要的是因为他们是古希腊哲学的代表人物。在西方哲学的发展史上，古希腊哲学是它的幼年时期，后面西方各种唯物主义和唯心主义、辩证法和形而上学的思想，都是从古希腊哲学思想中发展起来的。所以人们也把他们为代表的称为古典学派。

《雅典学院》是文艺复兴时期意大利画家拉斐尔·桑西于梵蒂冈教宗居室创作的大型壁画。该画以古希腊哲学家柏拉图举办雅典学院之逸事为题材，以极为兼容并蓄、自由开放的思想，打破时空界限，把代表着哲学、数学、音乐、天文等不同学科领域的文化名人会聚一堂，反映的是古典时期学派林立、相互切磋的景象，表达了作者对人类追求智慧和真理者的集中赞扬。

位于《雅典学院》图中最中间的则是柏拉图以及亚里士多德，柏拉图挟《蒂迈欧篇》，以手指天者；亚里士多德一手持《尼各马可伦理学》，一手前伸者。而苏格拉底则在旁边不远处。

苏格拉底，西方古典哲学史上伟大的哲学家，因为他的出现，哲学变得和过去有了很大的不同。

苏格拉底认为：哲学家的定义应该是热爱智慧的人，而不是有智慧的人。在苏格拉底以前，希腊的哲学主要研究宇宙的本源是什么，世界是由什么构成的等问题，后人称之为“自然哲学”。苏格拉底则认为研究这些问题对拯救国家没有什么现实意义。他开始研究人类本身，即研究人类的伦理问题，如什么是正义，什么是非正义；什么是勇敢，什么是怯懦；什么是诚实，什么是虚伪；什么是智慧，知识是怎样得来的；什么是国家，具有什么品质的人才能治理好国家，治国人才应该如何培养等。他为哲学研究开创了一个新的领域，使哲学“从天上回到了人间”，在哲学史上具有伟大的意义。很遗憾的是，苏格拉底并没有留下任何著作。

柏拉图是古希腊伟大的哲学家、思想家、教育家、数学家，年轻时师从苏格拉底，并游历地中海各地。他大约在公元前386年于雅典城外创办了著名的雅典学院，由于免费，吸引了大批有才华的青年学者来学习，开创了学术自由。柏拉图深信对数学的研究能锻炼人的思维，这是哲学家和将治理“理想国”者必须具备的基本素养。学院开有数学、天文、音乐、哲学四门课，柏拉图还在学园大门写着：“不懂几何者，不得入内。”

柏拉图最著名的代表作《理想国》是其全部哲学的概括。在书中，他用哲学家的逻辑思维提出自己的理念来设计治理国家的结构，认为国家只有这样做下去，社会才会变得更好，整个世界才会变得非常理想（当然，这是个人乌托邦式的想象）。

在柏拉图的《理想国》中还有一个著名的洞穴假说。他说，我们很可能生活在一个假象中——就如同有一群囚犯被囚禁在洞穴中，他们只能面向墙壁。此时，囚犯们眼睛所看到的是篝火投射在这个墙壁上的影子，可他们却把这些影子当成了真实的事物。后来，有一个人挣脱了枷锁跑到洞穴外面，终于看到了真实的世界。他返回洞穴，试图向其他人解释墙上的影子只是虚幻的，并想让那些人跟他一起出去见识真实的世界，却被拒绝了，甚至被当成疯子——因为那些人依然偏执地相信，墙上的影子才是真实的。

柏拉图利用这个故事来告诉我们，真实的世界其实就是洞穴外那阳光照耀下的实物，而我们感官世界所能感受到的不过是那墙壁上的影子而已。哲学家的使命就是要探寻那个真实的世界。

亚里士多德被誉为希腊哲学的集大成者。其著作构建了西方哲学的第一个广泛系统，包含道德、美学、逻辑、科学等。马克思曾称亚里士多德是古希腊哲学家中最博学的人物，恩格斯称他是“古代的黑格尔”。

亚里士多德在十七八岁来到雅典，成为柏拉图学院的学生。他在那儿待了约20年，直到公元前347年柏拉图去世。虽然老师柏拉图对他产生了重大影响，但他最终还是与柏拉图哲学分道扬镳，形成了自己的哲学体系。他的哲学可以说在许多方面与柏拉图讲授的观点对立，不仅针对柏拉图的理念论，也针对他的政治学说。

“吾爱吾师，吾更爱真理。”是亚里士多德的名言。

亚里士多德第一次把哲学和其他科学区分开来，开创了逻辑学（含著名的三段论）、伦理学、政治学和生物学等学科的独立研究。他是提出完整世界体系的最后一人，也是从事广泛经验考察的第一人。亚里士多德强调通过观察和实证研究来认识世界，注重实用主义和经验主义。

亚里士多德认为，一切美德都处在黄金分割点上。什么叫黄金分割点？比如，勇敢就是过度鲁莽和过度怯懦之间的黄金分割点。所以，一个人这一生中不断地修炼自己，不断地去体会，就是要找到我们的黄金分割点。亚里士多德还认为幸福是灵魂与美德一致的活动。他的另外一个伟大成就是教出了一个非常著名的国王，叫亚历山大，开创了亚历山大帝国。

2. 伊壁鸠鲁学派

伊壁鸠鲁学派的创始人为伊壁鸠鲁，他在哲学历史上是非常重要的人物，被认为是西方第一个无神论哲学家。

伊壁鸠鲁哲学的核心观点是：快乐是幸福生活的起点和目标，人生最大的目的在于追求幸福。

那要怎么快乐呢？内心富足即可，不要被外在的物质所迷惑。伊壁鸠鲁说，幸福其实对物质的依赖是十分有限的，使自己习惯于简单的饮食，满足健康所需，使自己不惧命运，就是人生的意义。

伊壁鸠鲁 35 岁时在雅典郊外的一所花园里创办了学校，在花园的入口处写了一句话：“陌生人，你将在此过着舒适的生活，在这里享乐乃是至善之事”。因此，伊壁鸠鲁也被称为花园学派。

伊壁鸠鲁认为，一个人如果不能研究哲学，就是不能够享受快乐。他把人的需求和欲望分为三类：

第一类是自然的和必需的，比如食物、避风雨的地方、衣物、朋友、思想、心灵的自由等；

第二类是自然的但不是必需的，比如更大的房子、更好的食物、更多的财富拥有等；

第三类是不自然的也不是必需的，比如虚荣心、权力欲、名望等。

伊壁鸠鲁认为，正是因为人们执着于对非必需之物的追求，才会觉得昂贵的东西以及更多的物质条件看起来好像是合理的解决方案。事实上，在消除了匮乏的痛苦之后，清茶淡饭与丰盛宴席带来的满足感是相同的。

因此，伊壁鸠鲁学派今天可以给我们最大的启示就是：有一定的物质保障后，心灵快乐以及健康才最重要，无须对资源的过度占有及对财富的无休止奢求！

3. 斯多葛学派

由于哲学家们喜欢在雅典集市有石柱子的走廊跟人聊天，跟别人讲他们的哲学，所以这个门派的人就被称作斯多葛学派。

斯多葛学派是古希腊的四大哲学学派之一，其思想内容包罗万象，包括了逻辑学、物理学、伦理学、政治学等，主张人类应通过智慧理解世界，以公平公正的方式对待他人，接受人生的起伏，不因欲望或恐惧而左右自己。其代表人物有：早期的芝诺、克雷安德和克吕西波；中期的潘尼提乌、波昔东尼和西塞罗；晚期的塞内加、爱比克泰德和奥勒留。其中，罗马帝国五贤帝时代的最后一位皇帝奥勒留的《沉思录》被视为斯多葛学派的里程碑著作。

此外，斯多葛学派强调，所有的自然现象，如生病与死亡，都只是遵守大自然不变的法则罢了，因此人必须学习接受自己的命运。没有任何事物是偶然发生的，每一件事物的发生都有其必然性。到了今天，我们仍用“斯多葛式冷静”来形容那些不会感情用事的人。

斯多葛学派的著名哲学家爱比克泰德曾说：人不是被事物本身困扰，而是被他们关于事物的意见困扰。他还认为：这个世界上的事可以分成两类，一类是你不能控制的事；另一类是你可以改变的事，那就是你的信念、认知、看法，那是你唯一可以控制的东西。

斯多葛学派认为，对于你不能控制的事，要有忍耐的能力。而且，生活中的每时每刻都是训练自己的好机会，比如锻炼自己的延迟满足能力，能够抵制住外在事物的诱惑。

斯多葛学派的另一位著名哲学家塞内加曾说：愤怒是因为我们对事情结局有过于乐观的期待。我们对每一件大事小事都会有一个期待，如果你这个结局过于乐观，而你不愿意接受那个没有达到这个乐观水准的结果，你就会产生愤怒。

斯多葛学派今天可以给我们最大的启示就是：不要为了不确定的未来而辜负了美好的现在，以积极乐观的心态做好自己所能掌控的，不要为了那些不能掌控的而烦恼！

倘若你无法成为心态的主人，就注定是个弱者。

4. 爱菲斯学派

"人不可能两次踏入同一条河流"，这句话是赫拉克利特说得最著名的一句话。

赫拉克利特，爱菲斯学派的创始人，出生在伊奥尼亚地区的爱菲斯城邦（这也是爱菲斯学派的来由）。拉斐尔·桑西《雅典学院》画中最前方中央偏左的握笔倚桌思考者。

赫拉克利特认为万物的本原是火，世界并不是神创造的，是由火的变化生成的。而且世界是包括一切的整体，是永恒的活火，是运动变化的。火生万物，在一定时间以后，万物又被火燃烧，火又产生万物，万物复归于火，周而复始。

由于，他认为万物都处于不断的变化之中，持对立统一观念，列宁称其为辩证法的奠基人。

赫拉克利特还认为这个世界上所有东西在生成、发生、死亡的过程中都遵从着一个原则，叫作"逻各斯"。他说，一切东西都是有一个"逻各斯"在起作用，万物虽然是运动变化的，在它们之间却有一种永恒的必然性、规律性在支配着万物的变化过程。"逻各斯"是世界上一切事物运动变化所遵循的最普遍的规律。

5. 犬儒主义学派

拉斐尔·桑西《雅典学院》画中间柏拉图和亚里士多德前面那位斜躺在阶梯上的半裸老者是第欧根尼。他是犬儒主义学派的代表人物，号召人们恢复简朴自然的理想生活状态。

为什么叫犬儒呢？因为有人给第欧根尼起了一个外号，称他为“狗一样的第欧根尼”，这很难听，所以把这学派的人叫作犬儒。犬儒的本意是一个人抛弃了错误的、文明的价值观，去过贫穷苦行和道德自由的生活。

他根本不在乎周围对他的约束，认为不要无意义地辛苦工作，要按照自然生活。他说：人们为了攫取虚假浮华而出卖自己的独立性——唯一真实长久的东西；而他，就是要拭去人们生活的金银蒙尘，揭除陈规陋习的假面具，重新印上自然生活的真正价值。

这么多的哲学流派，它们有优点、缺点，它们让我们的内心变得更加强大，帮助我们找到适合自己的生活方式。斯多葛学派教我们如何面对生活的无常与苦难，凭借理性的力量达成心灵的自由与坚韧；伊壁鸠鲁学派引导我们学会享受生命，找到属于自己的快乐之源；犬儒主义，亦可为人生提供一种随心所欲的别样选择；爱菲斯学派则能让我们学会探寻各个领域的“逻各斯”（道）。此外，亚里士多德的理性、柏拉图的智慧、苏格拉底的明辨——这些思想，皆闪耀着珍贵的价值。

三、中华优秀传统文化对管理的启示

上一节我们谈到哲学对我们人生的启迪，谈的更多是西方古代哲学的影响。而我们中华优秀传统文化不但博大精深、源远流长，而且影响广泛。今天的管理者们可以从中华优秀传统文化中吸取精华，结合百年管理史以及公司运营的各个方面知识，不断丰富和提高自己，塑造与其相匹配的“贤君能臣”“将帅之才”。

回到第一章图 1-1“管理者交付结果的方法模型”，其中 how 针对“事”的动作，正是法家思想的体现——需建立一套健全的管理制度，让员工依标准、按要求开展工作，最终落实到利益分配层面，实现“薪”甘情愿；而 why 针对“人”的动作，则是儒家思想的体现，核心在于激发并释放员工的善意，达成“心”甘情愿。

下面我们就来看看儒家和法家是如何理解管理中的“事”和“人”的。

1. 儒家之道

儒家思想的创始人为春秋时期被尊称为“至圣先师”的孔子，后有被尊为“亚圣”的孟子继承与发展；汉代时经过董仲舒的“罢黜百家，独尊儒术”成为封建政权的统治思想；到了宋朝及以后又有以程（程颢、程颐）朱（朱熹）理学和陆（陆象山）王（王阳明）为代表的宋明理学，亦称为“新儒学”。儒家学说以《大学》《中庸》《论语》《孟子》《诗经》《尚书》《礼记》《周易》《春秋》为育人内容，以君子为理想范本，宣扬仁的思想，重民生、行教化、实行德治等方式。

孔子认为，为了有一个秩序良好的社会，最重要的是恢复周礼的权威，重新肯定宗法等级制度的秩序，“实”与为它规定的“名”符合。当年有国君问孔子治理国家的原则，孔子说：“君使臣以礼，臣事君以忠。”其意思就是说，只有社会每一个人都能各司其职，各自按要求就其位，认真履行各自的责任和义务，这个社会才会进入一个良好的秩序。

用今天的话来理解，就是秩序是可以产生效率的。而管理的本质是提高效率交付结果，那怎么办呢？各司其职，各就其位，而且管理者就应该把管理动作做好，这样才能产生效率。

孔子还认为，做任何事情都应该有一个适当的度，做到恰到好处，最好做到过犹不及，不偏不倚，找到那个动态平衡。

人们常说管理既是科学又是艺术。之所以说管理是科学，是因为管理可以被拆解为一个又一个动作，而且这些动作是有方法和工具的，是管理者可以学习的。而说管理是艺术，是指每一个管理者在不同情境、不同职位下能不能把这些动作做到恰到好处，刚好达到那个度，找到那个感觉。

另外，儒家思想的人生态度是积极进取的，因为他们的人生理想就是“内圣外王”，意思是每个人要通过内在的道德修养和自我完善，追求圣贤的品德，践行君子人格，修身养德，这是“内圣”，然后开展外在的政治实践和治国理政，注重政绩，经世济民，治国安人，这是“外王”。儒家强调“内圣”是基础，是修已，而“外王”是目的，是安人。具体过程就是格物、致知、诚意、正心、修身是“内圣”，齐家、治国、平天下是“外王”。

“内圣外王”其实就是管理者的领导力过程，在这个过程中，格物、致知、诚意、正心、修身就是不断进行自我修炼。孟子就说“天将降大任于是人也，必先苦其心志，劳其筋骨，饿其体肤，空乏其身，行拂乱其所为，所以动心忍性，曾益其所不能”；齐家就是建立与他人（团队成员）的信任关系；治国则是指明团队的方向；平天下则是做这些自然得到的成绩：得到结果而且赢得人心！

孟子认为“人性本善”，他认为不是每个人生下来就有现成的善，而是都具备善的潜质，具体包括四种基本道德品质——仁、义、礼、智。一个人的成长关键是如何把这些善的本性激发出来，长成树！

管理学大师彼得·德鲁克也曾经说过，管理的本质就是最大限度地激发和释放他人的善意。

经营团队就是经营人心，这个过程儒家思想的克己复礼、中庸之道、内圣外王则可以给管理者许多的启示。

2. 法家之道

春秋战国是思想和文化空前繁荣、群星闪烁的一个时代。这一时期出现了诸子百家争芳斗艳、相互争鸣，盛况空前的学术局面，在中国思想发展史上占有重要的地位，同时也奠定了中华文明的精神基石，这种现象也被称为百家争鸣。当时学术派别很多，除了前面说的儒家外，法、道、墨、名、阴阳、纵横、农、杂等家。他们著书立说，游说争辩，形成“百家争鸣”的局面。这种局面，对当时思想、文化、学术的发展有很大的推动作用。

法家思想与儒家思想最大的区别是：儒家主张“德治”，法家主张“法治”。

由儒入法的荀子就认为“人性本恶”“人之性恶，其善者伪也。”他认为先天的、自然的人性是恶的，人之为善都是后天教化的结果。法家集大成者韩非认为人与人之间不存在不计利害的仁义道德，也不存在什么道德特别高尚的“圣人”，一切为的都是一个“利”字，趋利避害是人的本性也。

因此，法家认为如果社会要有“立公弃私”的价值观，最好的方法必须依靠强大的法律来约束人们行为的规范和准绳，驱使人们避恶从善。

法家思想强调“以法治国”，主张通过严格的法律和制度来治理国家，确保法律的严格执行和公正性。在秦国的崛起过程中，商鞅、李悝、吴起等法家代表的变法措施极大地增强了秦国国力，使其在战国时期迅速崛起并最终统一六国，但正是法家思想的极端应用却也导致了秦朝的快速灭亡。因此汉以后，儒学独尊，但历代统治者实际却也都是“阳儒阴法”，即用仁者爱人的德治，也用法家思想来治理国家。这一思想给我们带来的启示是管理者想要提高工作效率和团队凝聚力，就必须要建立明确的规则和制度，且所有成员都遵循相同的标准。同时，要找到激励与约束的平衡点，以确保员工的忠诚度和工作热情。这也就是我们说的管理动作紧抓事，赋能员工释放人。儒法结合，方是管理者交付结果之道也。

四、历史其实蛮有趣：一枚印章的故事

管理者提高自我人文修养不仅可以从哲学、中华优秀传统文化中汲取精华，还可以从历史、地理等人文中获取养分，不断扩大自己的认知地图及认知高度。

下面是笔者在阅读历史书籍时，觉得有一段蛮有趣但一般不被人察觉的历史小故事。

——故　事——

公元1206年，成吉思汗建立蒙古汗国，随后开始东征西讨，几乎征服大半个欧亚大陆，在历史上一共进行三次“蒙古西征”，并建立蒙古“四大汗国”，分别是钦察汗国、察合台汗国、窝阔台汗国和伊尔汗国。

其中伊尔汗国是蒙古“四大汗国”里面建立最晚的，它的奠基人旭烈兀是当时蒙古大汗蒙哥的三弟，当时为在西亚重建秩序，巩固对波斯的统治，奉命出征，史称蒙古第三次西征。

后蒙古大汗蒙哥意外病逝，旭烈兀因支持二哥忽必烈争夺汗位，于1264年得到忽必烈的册封，正式建立伊利汗国其区域大约东起阿姆河和印度河，西括小亚细亚大部分地区，南抵波斯湾，北至高加索山脉。

伊利汗国当时在西边的主要对手为埃及的马木鲁克王朝，双方对垒主要前线为今天的叙利亚首都大马士革一带。而首都在君士坦丁堡的拜占庭帝国（东罗马帝国）却与伊利汗国关系还不错，双方在今天的土耳其境内交壤（因为除了马木鲁克王朝，他们有另外一个共同的对手：钦察汗国）。

敌人的敌人可能是朋友，随着伊利汗国历代大汗对周边的国家情况慢慢熟悉，到后面的第八任汗完者都（旭烈兀的曾孙）1305年派一名使者出使当时的欧洲大国法国，那时的法国国王是有“美男子”称号的腓力四世，使者奉上伊利汗国的国书一份，国书内容是建议法国与伊利汗国一起共同打击埃及的马木鲁克王朝以及收复耶路撒冷。然而由于当时的法国国王腓力四世正忙于内战，此事便不了了之。

这封国书用波斯语写成，此国书现藏巴黎博物馆。然后，令人惊奇的是这封国书上所盖的印章上的文字却是汉字篆文。

研究的学者认为，印章上的汉字为“真命皇帝至顺万夷之宝”，之所以印章用汉字篆文写，大约是因为当时的伊利汗国历代即任的大汗都承认当时元朝为宗国（忽必烈的后代）。现存1279年第二任大汗阿八哈（旭烈兀的儿子）颁发的一张敕令上，就盖有汉字“辅国安民之宝”方印，这是忽必烈给他颁发的印章。此后，只要有新的大汗继位，当时的元朝就会颁发印章，显示对其君权的承认。

当然伊利汗国的时间并不长，经过后期的分崩离析，伊利汗国名存实亡，于1380年后被新兴的帖木儿帝国彻底灭亡。而大约同一时间1368年，朱元璋称帝，明朝建立，定年号为洪武，随后占领元朝的首都大都，持续近300年的时间。此时伊利汗国西边的奥斯曼帝国正悄悄地崛起，他们于1389年发动了第一次科索沃战役。

今天被称为波斯文化最美丽的图书——插图本《列王纪》就是由当时伊利汗国的大汗下令制作，成为波斯细密画制作技术的最高成就之一。现名为“蒙古版《列王纪》”。

之所以讲这段历史故事，是想说读历史不仅是因为故事跌宕起伏，精彩有趣，更重要的是可以让人们用更宏大的视角来看待一段时间的历史事件，从而找到事物之间的关联性。

在这段历史中，伊利汗国如同一个时间轴上的中心点；彼时欧亚大陆从东到西的诸多著名的王朝、历史事与人物，如同一幅画卷徐徐展开，栩栩如生地呈现在你的眼前，精彩纷呈。

有时，这个世界上许多看似纷繁复杂、看似不相关的事件，往往都是关联的，关键是有没有发现并打通这关联的底层规律。一旦找到这个底层规律，在你脑海里呈现的将会是另一番宏大视角的风景。

这个世界从不缺少美，而是缺少发现的眼睛。而要想练就一双这样的眼睛，别无他法，唯有不停地扩大自己的认知地图，保持对世界敏锐的感知及好奇心，心中的认知地图就会慢慢扩大，俯瞰的视角也就会不断提高，从而提升自己的认知高度。

五、盐野七生与她的《罗马人的故事》

人们常说：观世界后才会有世界观。而观世界最好的方法就是读万卷书、行万里路。有些人有个误解，觉得读万卷书和行万里路是并列关系。其实不然，笔者认为它们之间应该是递进关系，先读万卷书，然后行万里路来验证，这样对世界的理解和认识才会不一样。

读历史书是读万卷书里永远绕不过去的一个环节，因为读史使人明智，“以史为鉴可以知兴替”，读史还可以帮助我们提高自己的认知高度，心胸更加宽广，眼界更加远大。

在人类文明的发展历程中，除了伟大灿烂的中华文明，欧洲文明则是另外的重要组成部分，而要了解欧洲文明则越不过罗马史。关于古罗马的图书，这里以盐野七生写的《罗马人的故事》系列图书（全 15 册）为例进行介绍。

盐野七生，当代日本最受欢迎的女历史作家，她是学哲学的，可据她自己说，16 岁时读荷马史诗《伊利亚特》改变了她的人生，她完全被地中海世界吸引，无论如何，都想去书里写的那个世界看一看。毕业后她去意大利游学两年，然后回到日本，但心里念念不忘的还是那个梦想，于是毅然决定再次前往意大利，定居罗马，终生研究罗马史。

盐野七生的写作风格与别人略有不同，将故事和评论、评价结合，书中年代、人物都经过论证考察。

在这十五册的《罗马人的故事》里，作者如风一般沿着时光隧道来回穿梭于古代与现代之间，将历史、艺术、哲学、政治、军事、人物、权谋、八卦尽情书写并呈现给读者。作为一部带有强烈个人色彩的历史作品，它不仅是对历史事实的叙述，更是盐野七生对历史人物、事件的深刻见解和个人情感的表达。从书中可以看得出盐野七生对凯撒（公元前 100 年—公元前 44 年，罗马帝国的奠基者）有着强烈的个人偏爱。

笔者在读到凯撒征战高卢那一段时，感受到盐野七生描写凯撒时充满了激情，细腻的笔触把战斗的故事写得精彩不断、高潮迭起。

盐野七生在序言中提到，古罗马人其智力不及希腊人，其体力不及凯尔特（高卢）和日耳曼人，其技术不及伊特鲁里亚人，其经济不及迦太基人，为什么只有罗马人能成就如此大业？为什么只有罗马人能够建立并长期维持一个巨大的文明圈？她给出了她的思考答案：

坚实有序的金字塔组织结构、稳定有力的领导层、新人辈出的中坚力量、稳固庞大的基层、兼收并蓄开放尊重的社会文化以及对宗教的宽容、政体和权力的平衡等。

最重要的是通过赋予异族公民权为各阶层提供上升通道的流动性来激发起人们的奋斗，从而为国家的发展提供了更多的人才资源。

当然，再灿烂夺目的太阳，也有日落之时。当罗马帝国的这些优势一一丧失殆尽时，罗马帝国最终也难逃消亡的命运，在蛮族入侵和基督教盛行双重外力的冲击下，最终灰飞烟灭，让人忍不住扼腕叹息。

盐野七生在写到罗马帝国的消亡时，就像一位伤感的诗人一样写下以下的文字（第十五册第二章结束页）：

罗马无声无息地灭亡了，没有人注意到。

我甚至想，如果穿越时光隧道，回到公元 476 年秋天的罗马，把麦克风对着过往的行人问：罗马帝国灭亡了，您有什么感想？我会得到怎样的回答呢？

也许有人会表情惊讶地说：

“灭亡了，什么时候？”

也有人会嘴角挂着讽刺的笑容回答说：

“她不是还活着吗？”

六、在地图上行走：读万卷书后，还要行万里路

很多人在写文章时，经常引查理·芒格的一句话："想要得到一样东西，最好的办法就是让自己配得上它。"

其实这句话的完整版本出自 2007 年 5 月 23 日当时 93 岁的芒格在南加州大学商学院毕业典礼上的演讲。其原文如下：

"每天起床的时候，争取变得比你从前更聪明一点。认真地、出色地完成你的任务。慢慢地，你会有所进步，但这种进步不一定很快。但你这样能够为快速进步打好基础……每天慢慢向前挪一点。到最后——如果你足够长寿的话——像大多数人那样，你将会得到你应得的东西。"

这句话，其实也适合人生的许多领域：

（1）在职场上，想要获得更高的薪资，最好的办法是自己可以帮助企业解决更大的问题；

（2）在婚姻中，想要获得稳定的亲密关系，最好的办法是彼此能为对方提供需要的价值；

（3）在社交中，想要获得长久的人际关系，最好的办法是双方能提供对等的价值。

对于每个人的成长而言，也是一样，想要在更高的认知层面维度领略风景，最好的办法就是：勤思考，读万卷书后还要行万里路。

很久以前曾在朋友圈看到一位朋友在意大利罗马古城旅行时发的配图游记：

"罗马一瞥：古欧洲史几乎就是一部罗马史，从王政时期到罗马共和国、再到罗马帝国，台伯河仍静静地流淌着，散落在城市各地的残垣断壁串起了对历史的追忆，马略、苏拉、庞培、加图、西塞罗、恺撒、奥古斯都、图拉真、哈德良、

奥勒留们的身影仿佛仍然回荡在这些遗址中……”

说句实话，有一定阅读量以及对古罗马史很熟悉的人，才能享受这种凭吊历史古迹的怀古感叹。

就如同唐代诗人陈子昂当年登上幽州台，因为人生际遇慷慨悲吟，才写下千古传诵名篇《登幽州台歌》：前不见古人，后不见来者。念天地之悠悠，独怆然而涕下。

读万卷书后还要行万里路的好处是可以用行万里路的方式来验证读万卷书的思考。

笔者走过我国的34个省级行政区，收藏有自2000年10月后改名为《中国国家地理》的所有期刊，每次到一个新地方后，都会把《中国国家地理》期刊的相关内容找出来再读一遍。

光靠阅读书本上的知识，我们是不会有直观感受的，而且遗忘率特别高。只有亲临现场，身临其境，然后再次阅读，才会有切肤体会，才会有不一样的认知，才会将其内化为自己知识体系的一部分（就和学习物理、化学等学科需要做实验来验证是一样的道理）。

这种身临其境，绝对迥同于隔着鱼缸观察鱼儿游来游去的感受，就如同照片里的风景再美，如果不到现场，你仍然感受不到那里的风吹气息、那里的鸟语花香！

有句谚语是这么说的，“只是相信天上高挂太阳，并不会带来光明与温暖；只有必须亲身体验，才知道光亮与温暖的滋味。”

比如，中学历史课本上大家耳熟能详的秦末陈胜、吴广“大泽乡”起义的具体地点大约就是今安徽宿州市东南大泽乡镇，在镇里当年陈胜、吴广垒土筑台，用作练兵的“涉故台”仍然风骨犹存。

而当陈胜、吴广在大泽乡揭竿而起，揭开了反秦的序幕，各路诸侯纷纷起事，秦王朝随后正式覆灭，随后进入楚汉争霸阶段，项羽最后被刘邦最后合围于垓下

（今安徽省固镇县濠城镇），经过一系列战斗后，楚军人竭粮绝，四面楚歌，此时项羽大营里上演一幕悲壮和凄美的“霸王别姬”，虞姬最后自刎而亡，今天安徽宿州市灵璧县仍有一处虞姬墓，以纪念这位凄情而死的一代佳人。其墓碑的对联为：“虞兮奈何，自古红颜多薄命；姬耶安在，独留青冢向黄昏。”

虞姬死后，项羽带兵南逃，经历几次战斗，最后一直逃到乌江边，此时已万念俱灰，无颜见江东父老，拒绝乌江亭长的上船请求，最后面对追兵，拔剑自刎。而乌江是长江的支流，具体位置在安徽省马鞍山市和县东北部的乌江镇，即将汇入长江。项羽自刎后，当地百姓在此立祠祭之，名霸王祠。其实霸王祠就在南京市浦口区沿着长江溯江而上不到30公里处，只是许多南京人并不知道而已。

当以上这几个地方你都走过时，再结合读史书的内容，顿时会感受到这段历史立体、丰满起来，时间、空间、人物一一浮现眼前，你会得到那种深刻、细腻的感受，甚至你可像宋代婉约派代表词人李清照在《夏日绝句》里那样的感悟：“生当作人杰，死亦为鬼雄。至今思项羽，不肯过江东”。

这就是行万里路的价值，你可以抒发自己的情感和内心共鸣，并让自己进行多维的时空跨越，可以上下数千年，纵横几万里，自由地穿梭于古今之间，表达对历史的感慨和现实的思考，而不仅仅停留在纸页上的文字理解。

笔者年轻时因为机缘巧合在西安工作几年，恰巧看到一本名为《唐诗地图》的图书，突然发现，儿时死记硬背的唐诗，居然在这本书里活灵活现地呈现出来。里边关于长安的诗句，在同一处山水、同一个地点，一千年过去了，却依然可以切肤感受到诗人春风得意、万丈豪情、幽古情思、悲凉无奈的情怀。

人生短短，一路的风景，有时无须着急赶路，而是可以慢慢走，慢慢欣赏！

第六章

锦囊6：管理者精力管理

一、从时间管理到精力管理

1. 最重要的是把最重要的事列为最重要

“少壮不努力，老大徒伤悲。”

“一寸光阴一寸金，寸金难买寸光阴。”

“莫等闲，白了少年头，空悲切。”

“明日复明日，明日何其多！我生待明日，万事成蹉跎。”

相信大家都读过以上的惜时名言，而且几乎每一位职场人士大约都参加过“时间管理”的培训。

在“时间管理”课堂上，培训老师常常会先帮助学员们梳理人生扮演的四类角色，然后让学员思考并回答每类角色的个人使命宣言。

所谓个人使命宣言就是：真实且深刻地记载并反映了你个人对目的与生命意义的认知，自己想成为什么样的人。它是个人决策与行为的准则。图 6-1 是人生角色及个人使命宣言的案例。

人生角色	宣言：我想成为什么样的人
家庭角色	做一名承担责任的丈夫、父亲、儿子
职场角色	领域专家，有个人魅力地影响着追随者
社会角色	找到自己，世界才能找到你；独立思考的观察者
自我角色	喜欢阅读、静思、身体健康、慢慢富有

图 6-1　个人使命宣言案例

一旦使命宣言确立了，那么一天 24 小时除了吃饭、睡眠等时间外，你大概就明白自己要做什么了，你会把你的时间有效地运用到对使命宣言有帮助的最重要的事情上。

时间管理其实不是管理时间，而是管理自己，是管理自己的选择。

当然，课堂上为了让学员知道时间管理的本质：把最重要的事列为最重要。老师们还会想方设法开展一些活动。

——时间管理活动——

专家拿出一个广口玻璃瓶放在桌上，随后从旁边拿出一把小碎石块，慢慢地一块块放进玻璃瓶里。直到石块高出瓶口，再也放不下了，他问道："瓶子满了吗？"学生们回答："满了。"专家此时问："真的？"他伸手从旁边拿出一把沙子，开始慢慢倒进玻璃瓶。

当沙子填满小碎石块间的所有间隙。他又问学生："瓶子满了吗？""满了"学生们大声说。专家摇摇头，随后他又从旁边拿出一些粉末，并晃动着玻璃瓶，把粉末加入里边。他又问学生："瓶子满了吗？""满了"学生们大声说。此时专家拿过一壶水倒进玻璃瓶，直到水面与瓶口平齐，他抬头看看学生，问道："这个例子说明了什么？"

一位心急的学生举手发言："时间就像海绵里的水，只要你愿意挤，总是有的。"

专家边回答边拿出一块大石头，问道："对，你说得没错。但我想表达的是，如果不把这块大石头先放进去的话，小碎石、沙子、粉末，还有水就会占据玻璃瓶的空间，这玻璃瓶的空间就像你的时间一样，总是有限的，最要紧的是你要先放把大石头放入，然后是小碎石，最后才是沙子和水。"

课堂活动里的大石头其实就是隐喻你的人生角色使命宣言里对你来说最重要的事。明确什么是最重要的事，然后把你的时间分配给它，就像先把大石头放到玻璃瓶里一样。

当一个人心中无大石头时，不知道自己要什么，就会随波逐流、人云亦云，别人怎么做，自己也就怎么做了，浑浑噩噩地走完这一生。而且，这个过程里特别容易迷失自己、容易和别人攀比、容易被收割智商税。唯有心中先安放重要的大石头（事），你才能有效地抵御那些不好的陷阱和诱惑。

——人生的北极星——

北极星，又称北辰、紫微星，是最靠近北天极的恒星。因为地球是围绕着地轴进行自转的，而北极星与地轴的北部延长线非常接近，所以在地球北半球的夜晚看天空，它的位置几乎是不动的，都是指着北方，所以总是被探险者和航海家用来找出自己所处的位置并核对方向。

人生四个角色的使命宣言就如同北极星，虽然很遥远、形象模糊，但方向是确定的。在人生行进的路上时不时看看它，可以帮助我们确认大方向偏没偏，避免走着走着而忘了为什么出发。

另外，可能有读者会问，四类角色之间重要的事情如果冲突了怎么办？

答案很简单：取你认为更重要的事！只不过，不同年龄层的人在取舍时会不一样。

比如，当还年轻时，会为了自己喜欢的一场周末演唱会（自我角色）而放弃回家与父母团聚（家庭角色）；人到中年时，可能会因为孩子发烧（家庭角色）而舍弃了一场同学聚会（社会角色）。

如何更好地取舍？总体的建议就是：年轻时多花点时间在职场角色和自我角色上，越早找到自己在社会的“生存缝隙”越好，并不断深耕，你就越能在中老年时做到各个角色之间的平衡。

每一个人的时间永远是有限的，当被太多无意义、紧急的事情占用越多时，做更重要事情的时间就越少。

可能又有读者会问，那要怎么区分重要的事情和紧急的事情呢？一个有名的时间矩阵图来帮助大家按重要、紧急的程度把事情分类好，如图 6-2 所示。

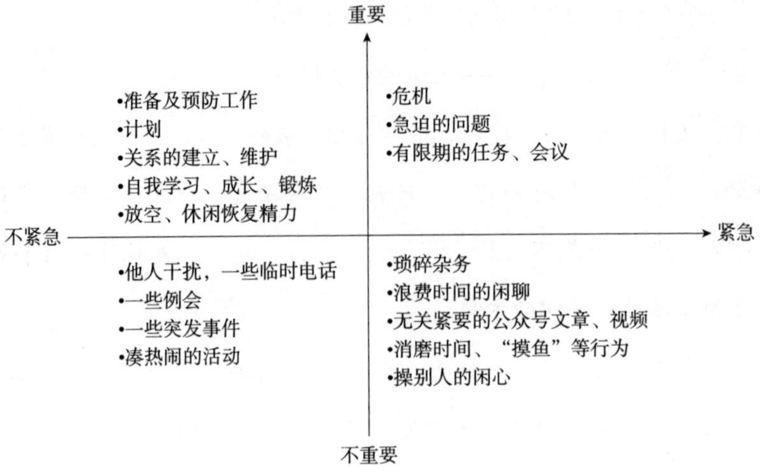

图 6-2　工作中的时间象限图

在这个图里，重要的事情就是：对四类身份角色的使命宣言意义重大的事情。紧急的事情就是：需要立刻处理的、急迫的事情。

一旦能区分这些事情，你就知道不同的事情该如何处理：

第一象限中重要且紧急的事情立刻做；第二象限中重要但不紧急的事情计划做；第三象限中不重要但紧急的事情少做、拒绝做或委托做；第四象限中不重要也不紧急的事情尽量不做。

高效时间管理的秘密在于第二象限：如果你越能把重要不紧急的事情安排好、计划好，就越能掌握时间的主动权，最大程度减少未来可能出现太多突发的情况。当管理者能尽在掌握、从容不迫时，才不会到最后争分夺秒，然后气急败坏。

当我们不知道什么事情是真正重要的，那么每件事情看上去都重要；每件事情如果都重要，那么每件事情就都得去做；不幸的是，其他人看到我们每件事情都做，就会期待我们做好每一件事情；当每件事情都要做时，我们就没有时间思考什么才是真正重要的事！

将军赶路，不追小兔！要事绝不应为芝麻绿豆的小事让路，切记！

2. 从时间管理到精力管理

前面说到时间管理就是自我管理，当四类角色特别是职场角色中找到你热爱并适合自己而对别人产生价值的事情时，此时你会愿意投入你所有的资源在这件事情上。比如时间，还包括体力、心态、专注力、意志力（统称精力），因为只有这样在有限的时间里效率才会是最高的，要不然再高效的时间管理也无法确保高效的产出。要知道，工作效率高比工作的时间长更为重要。

庄子在《达生》篇里有一句话："用志不分，乃凝于神。"意思就是人能运用心志不分散，就可以高度凝聚精神。

人一生中大部分的精力，都应该只放在一件事情上，把这件事做到极致，胜过把一万件事做得平庸。你把精力用在哪里，就等同于将时间用在哪里。

找到真正重要的事，然后聚精会神、专心致志，你终会在岁月的积累中悄悄拔尖。没有精力投入的时间管理，只会变成"愚弄自己的努力"。现实生活中，你会发现，事业有成的人大多是生命力异常强大，精力极其旺盛的人。

那么，管理者如何可以确保自己有好的精力呢？可以从吉姆·洛尔的精力管理金字塔中找到答案，如图6-3所示。

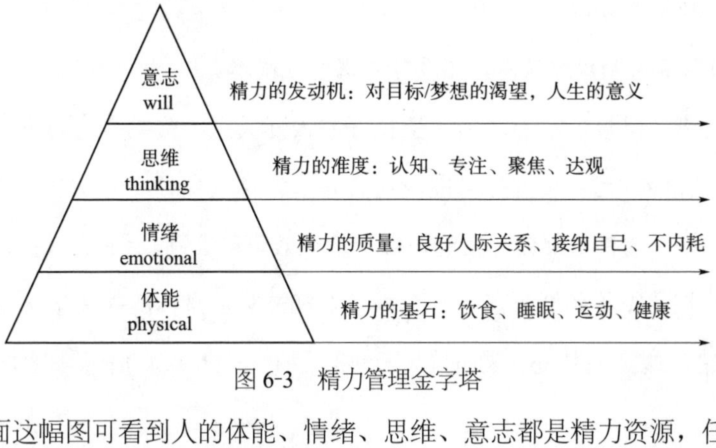

图6-3 精力管理金字塔

从上面这幅图可看到人的体能、情绪、思维、意志都是精力资源，任何一方面资源的匮乏，都会影响到人在一定时间内的效率。

（1）充沛的体能。体能精力是精力充沛的基石，没有体能，我们自然无法高效工作。俗话说得好，身体是革命的本钱。精力和你的身体息息相关。体能好的人精力之所以会更旺盛，是因为这代表他的心肺能力突出，大脑的供血、供氧、供糖都会更好，所以较长时间工作大脑也不容易疲惫。

充足规律的睡眠、低糖低脂低盐的合理饮食、每天适当的运动、放空自己的正念和冥想都是保持充沛体能的基本要素。

——从饮食管理做到精力充沛——

《掌控：开启不疲惫、不焦虑的人生》一书主要介绍了要保证精力充沛，需要从以下五个方面管理我们的日常饮食：

碳水化合物：摄入要适量，摄入过多会造成脂肪的囤积，从而引起各种疾病；摄入过少，无法为身体的正常运转提供足够的糖分。

蛋白质：食用富含优质蛋白质的食物，以保证必需氨基酸的供给，比如牛奶、肉、鸡蛋、豆类等，这些才是我们的优质燃料。

脂肪：尽量摄入优质脂肪，比如三文鱼、金枪鱼、鱼油、核桃、亚麻仁油、芝麻油等；避开劣质脂肪，也就是反式脂肪酸。

维生素：人体每天必须摄入足量的维生素，各类蔬菜尤其是绿叶蔬菜的平均维生素含量、种类丰富。

水：日常宜主动规律饮水，不要等口渴时才喝水。

（2）情绪。积极正面的情绪包括良好的人际关系、接纳自己、不内耗，它是精力输出的保障。当一个人每天能身心合一，精神气合时，人就容易自我满足和精神焕发，一天的精力都会非常好，做事情的效率就会高。相反，每天心乱如麻，做什么事都担心得不到回报，内心充满怀疑和冲突，身体的能量全部都变成了各种负面情绪，这样的状态，哪怕做一点事，都会让人身心疲惫，工作的效率也不高。

（3）思维。更高的认知不仅可以获得新的思维模型，还可以快速掌握事物的本质，从而把注意力聚焦在最关键的地方。合理用脑、劳逸结合，充分利用 80/20 定律，在 20% 的时间内注意力高度集中，提高精力的准度，此时做起事来甚至会有“心流”的感觉。所谓“心流”，就是进入到全神贯注、忘我的状态，那一时刻内心就像流入一股能量，整个身心就像花儿一样绽放，能量可以在全身内自由地流淌，时间似乎在那一刻停止了。

——心　流——

米哈里·契克森米哈赖教授曾是芝加哥大学心理学系的系主任，其出版的《心流：最优体验心理学》里第一次表达了“心流”的状态，即那一时刻会消除一切烦恼或抛开其他想法，被称为“最佳体验”，或简称为“心流”。处于流畅状态的人感觉他们正在做大事情：运动员称之为“处于巅峰状态”，神秘主义者称之为“灵魂出窍”，艺术家称之为“狂喜”。

在书中，作者认为“心流”的最佳定义来自中国古代道家学者庄子的“庖丁解牛”故事。庖丁在给文惠王描述自己的做事状态时说：“臣以神遇而不以目视，官知止而神欲行。”意思是宰牛时全凭心神去感知，而非依赖眼睛；感官的认知作用已经停止，而心神却能够自如地运作。

（4）意志。当找到事情的意义，人们就会迸发更多的能量。有意志力的人活着会有目标，有向往，会更快乐。比如说很多奥运会冠军日复一日地训练，支撑他们的都是他们的热爱和这件事情对他们的意义感。

北宋苏轼在《晁错论》里曾说：“古之立大事者，不惟有超世之才，亦必有坚忍不拔之志。”意思是：自古以来凡是做大事的人，不仅有出类拔萃的才能，还有坚韧不拔的意志。

只有精力充沛才能在一定时间内效率最高！

3. 十招有用技巧提高个人生产力

每个人都有一家银行，可以称之为“时间银行”，每天时间都自动会往你的账户存入 86 400 秒，只不过一到晚上 12 点，就会自动把你当日虚掷掉的光阴全数注销，也没有任何分秒可以结转到第二天，当然，你也不能预支片刻。

用好这 86 400 秒，把最重要的事列为最重要（大石头），然后做好时间安排计划，并在计划时间内聚精会神做到效率最高（精力管理），这是管理者提高生产力的底层逻辑。

当然，还可以有一些更具体的方法来帮助大家提高生产力，具体如下：

第一招，“早起；日日不断之功；少举事。”这是曾国藩给他弟弟写的信中，告诉他的三个戒律。其中“少举事”的意思就是如果不是自己人生角色的使命宣言的事，就不要给自己找那么多事。古往今来，凡是俗事缠身的人，大多没有成就大事业的，要专注于自己心中的“大石头”。

第二招，精心计划每一天，一年之计在于春，一日之计在于“昨晚”。如同前面所讲，时间管理的精髓在于计划好第二象限重要不紧急的事情，然后按时间实施，真正做到从容不迫。你在计划上花费的每一分钟，未来都会在执行上以成倍的方式还给你。

第三招，今日事、今日毕，如果说昨天是一张作废的支票，明天是一张期票，那么只有今天才是你唯一拥有的现金，这时可以运用六点优先工作法。每天列出最重要的六项任务并按照优先级逐一完成，完成一件就划掉一件，通过这样提高每天的工作效率和专注度。

第四招，运用 80/20 原理。我们的大脑活跃程度和精力的聚焦程度在一天的不同时段是有很大差异的。因此，尽量找到自己一天中效率最高的时段，然后安排做最重要的事，这样的效能产出才能最大化。这个最佳时段，可能在早上，可能在上午或下午，也可能是在晚上，可以根据个人习惯而定。

第五招，有勇气说“不”。对第三象限中不重要但紧急的事以及第四象限中不重要也不紧急的事，你可以有拒绝的权利，也不必每次都需要理由。

第六招，养成整理和归类的习惯。平时对自己电脑、手机里有用的资料 / 自我“生存缝隙”的专业知识及思维模型适时记得归档整理（许多人的电脑桌面文件是乱七八糟、无序的），这样下一次查找资料时就可以节省许多时间，而且不容易遗忘。对自己的办公桌面、抽屉、办公环境（其实家里也一样）定期整理、物归原位，有效淘汰，保持井然有序，不仅找东西高效，还可以让自己有一个清爽舒适的环境，提高工作效率。

第七招，善于利用他人的经验。万维钢老师在其“精英日课”里讲过做事的三个层次：最高层次叫“战略”，是指做大方向的选择；其次叫“战术”，是指怎样随机应变地实现目标；最低层次叫“攻略”，是指目标既定，资源既定，其他人有什么样的经验，我照着做，别走样就行，这是最节约时间的方法。小米雷军在一次演讲中也谈到“99%的问题都有答案”。

另外，看书评、听演讲也是让自己快速节约时间了解相关领域知识和思维的有效方法。

第八招，充分利用闲暇时间。除了上班、睡眠、生活必需的时间外，工作日每个人大约都还会有2~3个小时的个人时间，加上周末和节假日时间，就是闲暇时间。真正的高手都会利用闲暇时间做有复利的事情：积累自己领域（生存缝隙）的一万小时、5个100；练习自己职业的第二曲线；锻炼身体等。

时间就像复利，今天投资的每一分钟，都会在未来某个时刻给你回报。今天浪费的每一分钟，都是在透支你以后的竞争力。时间很值钱，别随意贱卖。

同时，把平时一些零碎时间高效用起来也是不错的方式。比如出门前规划好路线；利用上下班地铁上或开车时间、等人的十几分钟听听音频，扩大自己的认知地图。

第九招，有效运用工具。好记性不如烂笔头，运用手机、iPad等电子工具，把好的主意/灵感随时记下来。AI时代，保持好奇心，充分利用各种AI工具，新媒体工具等，可以大大释放你的时间，去做更有价值的事情。

第十招，学会休息，每天或每周固定时间放空自己，给自己充能是为了走更远的路。《见识》作者吴军老师对“休息”这个词有另一个定义，他说：“休息的本质，就是从外界获得信息和能量。”因此，体力劳动者的休息就是要停止能量的输出；而脑力劳动者的休息方式，恰恰不是什么都不干，而是换一种信息输入的方式，比如听音乐、看画册、旅行、找圈子之外的人聊天，读点和工作没关系的书等。

二、屏蔽力与断舍离

1. 屏蔽外界的干扰

时下，大多数人都患有“手机综合征”，具体体现为：每隔几分钟如果不用手机刷刷微博、看看微信群、翻翻朋友圈，就会觉得错过什么。甚至很多人都有红点强迫症，如果微信里有没看的信息会心里难耐，一定要动手去点击。于是，计划好的工作进度一再被打断，好不容易聚拢的思绪被打断，整个工作效率变得极其低下，无形中增加时间的无效损耗，工作不得不往后拖延，整日变得忙于应付，最后弄得自己焦头烂额。

那么，应该怎么做呢？要不断提高自己的屏蔽力。

屏蔽力就是指在实现个人使命宣言的路上，一个人有排除外界干扰的能力。

从心理学角度来看，它是一种心理能力，帮助人们在面对负面影响或消耗性因素时，能够有效隔离和保护自己，它是自我爱护的一种表现。

曾有人说：屏蔽力，是一个人的顶级能力。要记住，非必要不费力证明自己，无利益不试图说服别人，是精神上的节能减排。

在实现个人使命宣言路上，屏蔽力主要体现在以下三个方面。

第一，屏蔽无用的信息。

前面我们提到，一旦找到了自己的生存缝隙，就需要孜孜不倦地聚焦、击穿。集中力量，包括时间、精力、物力、财力，在这个领域里不断地“钻井”，持之以恒，乐此不疲，最好能做到一米宽、万米深。

当明确了自己的“生存缝隙”后，面对有着纷繁复杂信息的时代，每天都有大量的各种信息扑面而来时，你仔细思考后会发现绝大多数信息是没用的，有用的信息也就那么几条。有时我们乐衷不断地浏览和点击各种信息和视频，只不过是自我好奇心带来的多巴胺等激素分泌的满足感和掌控感。

唯有屏蔽掉那些对自己毫无意义的信息，不让自己的时间和精力浪费在对自己无用的信息上，才能更有效利用有用的信息来解决问题，才能让有价值的信息走进自己的世界，帮助自己深耕某个领域（生存缝隙），实现从量变到质变。

刘同在《一个人就一个人》中写道："你的时间花在哪里，人生的花儿就会开在哪里。不要浪费时间在与自己无关的信息上，屏蔽它们，花更多的时间提升自己。"摒弃无用的信息，思考便多一分专注。

当然，屏蔽外界无用的信息还包括减少不必要的无效社交。不是朋友多了路好走，而是路走好了朋友多。当你的可利用价值度越高，周围的朋友就越多。因为你的可交换价值高了，被人需求的程度也就越大。

当活出自己想要的样子时，你就会遇见更多志同道合的人。

第二，屏蔽别人的闲言碎语和情绪。

我们每个人从小到大，似乎很在意别人如何看待自己，努力让自己活在别人的定义、评价、议论、看法中。

其实，生活是自己的，跟别人无关。别人怎么看待我们不重要，重要的是我们怎么看待自己。

湖南长沙岳麓书院里边有一副很长的对联，上面写着：是非审之于己，毁誉听之于人，得失安之于数。意思就是：一件事是对是错你心里要有数，你心里要有杆秤；别人对你的评价那是他们的事，随便他们怎么说，不要紧；最终是否能够得到还是失去，自然有命运的安排。

所有人的看法和评价都是暂时的，只有自己的经历和成绩是伴随一生的。几乎所有的担忧和畏惧，都是源于自己的想象。只有再也不从自身之外寻求肯定，那才能真正成为自己的主人。

《活好》这本书中给了我们三条人生建议。其中有一条就是：不要在乎他人对你的评价，不要被他人的评价所左右。

我们生活在这个复杂多面的大千世界上，有人的地方就会有是非，别人怎样评价我们，我们管不着，那也是别人的事，与我们无关。太过在意别人的看法和评价，只会在敏感的情绪中不断内耗自己。改变别人是一种内耗，改变自己则是一种成长。当不过多在意外界的看法，就可以省去许多烦恼。外界的任何声音，都只是参考，不喜欢就不要参考。任它东风、南风，统统都是耳旁风。

杨绛先生曾说："世界是自己的，与他人毫无关系。"人生下半场，从容面对外界的风言风语，做好自己，无愧于心就好。

不随意评价别人是一种修养，不在乎别人的评价是一种修行。不被别人的愤怒传染，不受别人的焦虑支配，不为别人的抱怨烦心，不因别人的沮丧失落，懂得屏蔽别人的负面情绪，是一种通透的人生态度。

我们虽然无法掌控别人的行为，但可以左右自己的选择。专注自己的领域，努力让自己成为领域前25%即可，做最好的自己！

第三，屏蔽外界欲望的诱惑。

很多商品广告都在给我们制造匮乏感，似乎我们就差这件商品了。许多商品，特别是奢侈品通过故事、符号和标签，形成身份或者地位的分层，被人为地用于划分人们的社会价值排序。你会发现：它们所有广告里展示的生活方式其实就是在不断刺激人们对欲望更多的追求。

不要沉迷于与他人的攀比，那是对自身能力缺乏信心、自卑的体现，人生的幸福不只限于财富、社会地位和物质享受。

苹果创始人乔布斯曾说："生命有限，所以不要把时间浪费在复制别人的生活上。不要用条条框框束缚自己，否则只能依附于别人的思维模式。不要让外界的嘈杂驱散你内心的声音，你要有追随自己的内心和直觉的勇气。"

前面我们谈了屏蔽力的三个方面，但这并不意味着每个人要对外界的一切都采取冷漠的态度。相反，大家需要保持一颗开放的心，对于真正有价值的人和事，我们应该积极地去接触和学习。

唯有懂得有选择性地屏蔽，才能专注自身，过好生活。把注意力集中在自己身上，才是最高效的生活方式。

2. 断舍离的修炼

如果说屏蔽力是屏蔽外界的干扰，那么断舍离就是修炼自己的内心。

《断舍离》的作者山下英子阐述了“断舍离”的概念：断等于不买、不收取不需要的东西；舍等于处理掉堆放在家里没有的东西；离等于舍弃对物质的迷恋，让自己处于宽敞舒适、自由自在的空间。

“断”意味着断开外在的干扰和影响，对职场人士来说，更具体的做法是：取消与自己无关以及过多对娱乐和社会新闻的关注、减少手机的使用时间；在设置中把通知关掉，少看朋友圈和视频号；清掉手机里过多的应用；删除微信、电话联系人中不相干的联系人。

“舍”是放下，成年人只有不断提高认知，重新审视人生的意义，从自己的使命出发，在挫折中自我重生，方可放下成长过程中的许多执念，从而让自己的生命更加自在、从容。

对职场人士来说，如同第三章第二节所说：在企业工作的目的不应只是付出劳动应该得到的薪水（生存需要），而是不断深耕自己的领域，提高自己在社会立足的本领，所谓的“铁饭碗”，不是在一个地方吃一辈子饭，而是一辈子到哪里都有饭吃。当明白这个道理后，你就会舍掉偷懒、舍掉抱怨、舍掉依靠、舍掉等待、舍掉焦虑。

“离”是指离开自身过高的欲望追求。成年人除了屏蔽外界欲望的诱惑，还需要反省自身的欲望追求。古希腊哲学家苏格拉底曾经感慨：这个世界上竟然有那么多我不需要的东西。

屏蔽力、断舍离的本质就是帮助我们“过滤”自己的人生，是一种自控能力、坚持能力和深度思考能力的体现。

看透复杂是能力，选择简单是境界。一旦内心归于平静，外界便鸦雀无声。高手到最后都是心如止水、泰然自若、坐看云起云落。

三、职场中人际关系相处哲学

1. 最理想的人际关系哲学

天生众人，在社会分工不断细分的情况下，每个人都不可避免地与他人接触。同时从人的社会属性来说，人是无法离群索居的，因此只要在社会中，每个人都会面对人际关系，都需要花精力面对。

那么最理想的人际关系是什么样的呢？

借用当代著名社会学家费孝通的话就是："各美其美，美人之美，美美与共，天下大同。"

这句话同时适合职场的人际关系。每个人都处在不同的行业与职业中，有着不同的出身和背景，同时每个人都有自身的优点，都有值得别人赞美和欣赏的地方。如果人人都能懂得和秉持这点，这个社会的人际关系就会和谐很多，人与人的冲突和矛盾也会减少很多。

汉代史学家司马迁在《史记·货殖列传序》写道："天下熙熙，皆为利来；天下攘攘，皆为利往。"当人与人之间一旦有了利益的羁绊，有时再好的关系，也会薄脆如纸。有些莫名其妙结束的关系，不过是利益产生了分歧；有些看似没来由的背叛，都是为了让自己的利益最大化。

世上唯有两样东西不可直视，一是太阳，二是人心。

除了利益，职场的人际关系中还有嫉妒的一面。

所谓嫉妒就是见不得人好，别人取得一项骄人的成绩，拿到了什么荣誉，他就会认为是自己的损失，从而产生一种损失厌恶的心理。似乎别人获得的成就，获得的成功，是从他那里抢过去的。然后带着恨意，给人使绊子，往下拽别人，把别人拖进泥潭里，我得不到的，最好你也别想得到！

人性中最大的恶就是：恨你有、笑你无；嫌你穷、怕你富。有一句话常说：乞丐不会妒忌百万富翁，但他肯定会妒忌收入更高的乞丐。

职场里如果遇到这种情况怎么办？

别人的嫉妒会永远存在，最好的办法就是不断修炼自己，让自己的段位提高，加把劲离开他们，那样他们就会从你的生活中消失，而无须彼此撞得头破血流、两败俱伤。如果你常年讨厌同一个人，只能证明这些年你也没什么进步，你们差距不大，所以这个人才会一直出现。

有人尖刻地嘲讽你，你马上尖酸地回敬他；有人毫无理由地看不起你，你马上轻蔑地鄙视他；有人在你面前大肆炫耀，你马上加倍证明你更厉害；有人对你冷漠，你马上对他冷淡疏远；你轻易就把自己活成最讨厌的那种样子，这才是别人对你最大的伤害。

如何做到“各美其美，美人之美，美美与共，天下大同”呢？这里给大家分享几条人际关系的建议。

第一，把精力集中在追逐个人使命宣言上，不断提高和完善自我，努力让自己变得对别人有用，让自己变得更加有价值，努力做到各美其美。

第二，真诚地相待每一个人、每一件事。和而不同，问心无愧，不戴有色眼镜看待他人，让自己心胸更宽广，眼界更开阔。

第三，知人不评人，看破不说破；人前守嘴，人后守心，向人泄露私密前三思；话多必失，对他人不妄加评论，有时祸常从口出。季羡林老先生曾说：真正聪明的人，假话全不说，真话不全说。

第四，有条件帮助他人时，尽可能不想回报地帮助他人，一个善意举动的背后，是一个人品格的修为。有时，利他就是利己。

第五，“光而不耀，静水流深”（引自老子《道德经》），当一个人开始炫耀自己时，往往是灾难的开始。懂得适时地保持缄默，有时候，沉默的人比喋喋不休的人更有内涵，更有力量。

第六，你做不到被 100% 的人喜欢。你无法取悦所有人，也无须取悦所有人；清楚自己的局限性，不要在错误的人和事上浪费时间和精力。

第七，明白维持人与人之间关系的基本逻辑就是利益，今天好得穿一条裤子，明天却因为利益问题翻脸不认人。穷在街头无人问，富在山中有远亲。不轻信他人，被所谓的感情蒙蔽。不要高估你和任何人的关系，也不要轻易掏心掏肺，因为你无法窥探别人的内心。成人的世界，没有直接答应，都意味着拒绝。

第八，“近朱者赤、近墨者黑。蓬生麻中，不扶而直，白沙在涅，与之俱黑。”环境会影响人的行为，时时警醒自己与谁经常在一起。努力和对的人一起前行，就如无形中有一盏明灯，会照亮你、指引你，一路披荆斩棘，共同奔赴美好未来。

2. 人际关系背后是需求与价值的交换

人与人交换的本质就是价值交换，过程中互换、互惠、互助、互利。一段合作关系，一开始一定是等价交换，才会互相信任欣赏，这时人际体验才会越来越重要，甚至超越利益关系。一上来就只谈交情，不谈利益的人，尽量回避为好。

人与人之间能够长久保持密切交往的，必定是有利益关联或是以情感为纽带。明白了这个道理后，那就知道自己该怎么做：努力让自己变得对别人有用，让自己变得更加有价值，只有这样，你才有和别人交换利益的资格，才配拥有对等价值的朋友，才配拥有相应的友情。而且大概率的情况下，你还是可以赚到付出劳动应得到的钱，你会为自己的劳动成果欢呼雀跃，享受自己丰硕的劳动成果。

一个人的社交有时之所以低效，甚至无用，大多数原因是别人非常清楚跟你交往没有那么高的价值。因此，与其浪费时间和精力，不如远离无效社交，用这部分精力与时间去努力成就更好的自己。

最简单的社交技巧是长得好看，最有用的社交技巧是让自己有价值。

你若盛开，蝴蝶自来；你若精彩，天自安排！只要你能成为某一领域的专家，一切都会随你而来，因为你在这个领域所达到的深度和高度会自然地把该吸引的资源都吸引过来。

世界上所有美好的关系，只发生在成熟的个体之间。

3. 生命中的引路人

人最大的运气不是捡到钱，而是某天你遇到了一个人，他打破了你原来的思维提高了你的认知，继而提升了你的境界，带你走向更高的境界，这就是人生的贵人。

孟母三迁的故事大家都很熟悉了，大意是为了帮助儿子孟轲成长，不被周围的环境所影响，孟母搬了三次家，直到孟轲走上自己的道路，最终成名成家，成为“亚圣”。

孟母是儿子孟轲的引路人，因为在每个人的成长过程中，都会有十字路口，如何跨过这个十字路口走向自己对的方向，这一点很关键。大多情形需要靠自己，靠自己去选择，如果这个时候有贵人指引，则可以少走很多弯路，这就是贵人。

记得上大学那时，笔者因为内向而感到自卑，当年的辅导员曾给我讲过受益一辈子的话：你不必很外向，内向挺好的，但需要你发言的时候，你一定要勇敢。

他就是我的引路人，因为他让我突破框框，看到了人生的另外一种可能。

职场中，如果自己的能力和绩效能得到上级的赏识，认可你、磨炼你、给你晋升的机会，这也是人生的引路人。

有这么一段话：人生这辈子，如果 20 岁时有人愿意带你，30 岁时有人愿意用你，40 岁时有人愿意捧你，50 岁时有人愿意跟你。足矣！

生命中的引路人，如同一盏盏明灯，照亮前行的道路，如果你的人生有这样的人，请好好花精力维护、珍惜和感恩。

4. 人生其实是一场孤独的旅行

一个人最大的清醒就是不要把希望寄托在他人的身上，靠山山会倒，靠人人会跑。人与人之间的关系大多是利益关系，利益在的时候，关系就在，利益不在的时候，关系就不在。因此，唯一要做的就是不断地修炼和提高自己。

人生的本质就是百年孤独，每个人都要学会接受生命的孤独，无须装模作样地拥有很多朋友，而是在一个人的世界里独善其身，不要把过多的精力用于打理人情世故，对你好的人就珍惜，对你不好的人就忽视，成年人的世界只筛选不教育，道不同不相为谋。人生有很长的路要走，孤独是一场必然的旅程。

职场也是一样的道理：职场也是一个人的修行，你要关心的是自己有没有取得进步，自己的价值有没有得到提高，因为你的收入就是你在这个社会上的真实反映。职场这条孤独的路上，关注自身就可以，不断提升自我格局和认知，在你不断变强的同时，对你有敌意的人跟不上脚步，自然就不配做你的对手。

真正的高手是孤独的，因为一般人认知不高，他们的说话高手不感兴趣，也会觉得很无趣。高手更喜欢的是和古往今来所有那些大成者相交，读他们的书，在思想上同频共振。

要么庸俗、要么孤独，共勉！

四、经营好港湾：家庭和自我

1. 经营家庭

俄罗斯作家托尔斯泰在《安娜·卡列尼娜》的开篇语说道：“幸福的家庭都是相似的，不幸的家庭各有各的不幸。”

你会发现，凡是家庭幸福夫妻关系好的，都有一个共性：丈夫特别顾家，妻子特别体贴，而且不管家里发生什么事情，双方都会以诚挚的眼光，乐观的态度，互相支持着去面对。

什么叫家庭？日野原重明先生说：“家庭就是在一起围着吃饭。”“如果你也想有一个温暖的家，那就一起吃顿饭吧。我和家人每餐都围坐在一起，他们关注我的喜好，关心我的身体状况，家庭中还有什么时候比这样的场景更令人开心的呢？正是因为每餐都围坐在一起，家人之间产生了一种纽带，每天彼此之间充满感激之情。”

家庭提供的安全感和舒适感，就像一个可以躲避风雨的温暖地方。家庭是充满爱和欢笑的地方，它带来快乐和幸福。家庭是生命的根基、心灵的港湾、是爱与温暖的源泉。

关于如何经营好家庭有太多的书籍和资料，这里分享五条小建议。

第一，家庭里的夫妻关系是所有社会关系的“定海神针”，好的婚姻秘诀：找一个有共同价值观的好人，自己也要做个好人。这和人力资源管理中选对人是关键的原理一模一样。不要期望通过婚姻试图改变你的另一半，选对合适的人才是一切的关键，因为家庭的所有幸福或者痛苦的90%来源于此。当夫妻双方能把爱情建立在友情的基础上，婚姻大厦将会有牢固的根基。

要知道，结婚是为了幸福，不结婚也是为了幸福。

第二，人生真正的幸福，不过是灯火阑珊的温暖和柴米油盐的充实。家庭的两大核心是经济和感情，经济意味着家庭成员的赚钱能力，感情意味着两人相互扶持，肩并肩前行。

第三，德国著名心理治疗师伯特·海灵格曾经说过：“幸福的家庭，都有一个共同点，那就是家里没有控制欲很强的人。”不要总想着让对方活成你所希望的样子，更不该把幸福建立在让对方完全服从你之上。

第四，家庭不是讲道理的地方，而是表达爱的地方。父爱稳则母静，母静则子安，子安则家和，家和则万事兴。多一些包容和陪伴，当你想指责双亲、配偶或者孩子时请克制自己。尽量让孩子一想到公正、完美，就想到你；不妨让孩子无意中听到你和其他成年人谈论他们时的赞美——赞美本就是父母给予孩子的最高奖赏。另外，每天主动做点家务，可以有效巩固和改善婚姻（特别是丈夫）。

第五，不同年龄段看待事情的方式会有分歧，生活习惯都会有所不同。有条件的话“一屋不住三辈人”，减少在生活中矛盾和冲突的出现。

2. 经营自我

“自己、夫妻、儿女、父母、兄弟姐妹、知己朋友 / 合作伙伴、客户 / 股东、同事、其他”，这是曾有人给人际关系的重要性做出的排序。

永远要把自己放在第一位，用精力把自己经营好，才能经营好后面的一切。

经营自我包括：自我认知、身心健康、个人财富。以下是关于这三个方面的几个小建议：

第一，接受自己是普通人，明白自己来到人世间的意义，体验这短短的 2~3 万天。人生就是一场近百年的孤独，生命的真谛就是做自己的摆渡人。人生也是一场修行，这场修行只与自己有关，在这个过程中直面自我、自我蜕变、自我成长。

纪录片《冈仁波齐》里有一句话：这世上没有什么生活方式是完全正确的，神山圣湖不是重点，接受平凡的自我，但不是放弃理想和信仰，热爱生活，我们都在路上。

作家冯唐在《无所畏》书里曾诙谐幽默地说：招女生喜欢这件事，天生有就有，天生没有就没有（或只属一类人），少年时不招女生喜欢，中年后招女生喜欢的概率为零。

这段话虽是调侃，但意思就是要每个人接受自己是普通人这个事实。

第二，既然是体验，读万卷书、行万里路，努力体验这个世界美好的那一面。不断提升自我的认知，让自己可以体验从更高角度俯瞰这个世界的体验：从感性认知到模型思考的破圈、从模型思考到演绎思维的跃迁、从演绎思维到觉醒智慧的彻悟，如图 6-4 所示。

第三，“过往不念，未来不迎。”不沉溺于过去的回忆、后悔和执着。过去的事情已经发生，无法改变，持续地回顾和纠结于过去，只会增加内心的痛苦和困扰，放下对过去的执着，可以减少无谓的烦恼，活在当下。更多具体内容可详见本章第六节内容。

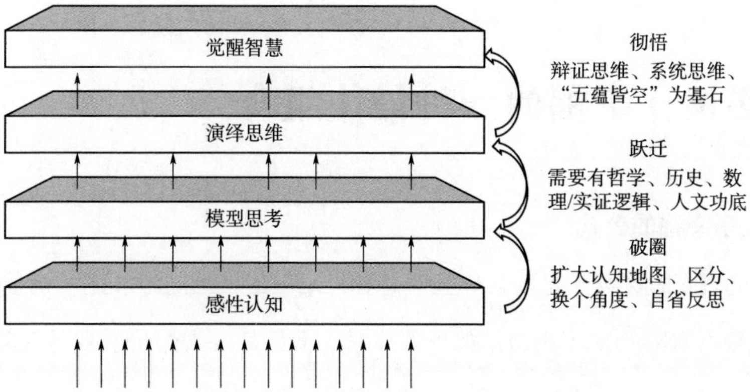

图 6-4 个体认知世界的四层次

第四，健康是一切的源头，它不仅是生命的基石，更是我们体验人生、追求梦想的前提。没有健康的身体，一切无从谈起。

自律是健康的基石，经常熬夜、暴饮暴食，缺乏规律的生活习惯会给身体带来很大的负担，导致各种问题的出现。

日野原重明先生说：“活着并且身体健康时，我们没有好好珍惜，时常有这样或者那样的牢骚和不满。人一生病，伴随而来的是难以诉诸笔墨的痛苦。不过全然仰赖有如此切肤之痛，才能警醒一直无知妄为的自己，让自己对健康心生敬畏与感激。”

三餐每餐只吃八分饱、合理的低盐低糖低脂饮食搭配、规律作息充足睡眠时间、找到合适自己的运动并坚持锻炼、保持正面积极的心态都是对健康有益的方法。

第五，钱是你帮助别人解决问题后别人给你的回报。靠体力赚钱、靠手艺赚钱、靠可复制的商品（产品或技能）赚钱，在这三种赚钱方式里找到最匹配自己的方式。对财富要有耐心，摒弃能一夜暴富的想法。掌握一定的投资理财知识，坚持纪律、安全第一、盈利第二。

五、必读：幸福的一种最佳组合

1. 关于幸福的公式

人生的真正意义其实是一切体验的总和：来到这个世间走一遭，就是体验每一天，并期望在有限的日子用自己的方式度过。活好每一天的价值就是人生的意义，有时发呆、看日出、数星星恰恰也是人生的一种有趣体验。

而无论选择哪种方式体验人生，每个人总归期望它的幸福值是最高的。

笔者的第二本书《结果思维赋能：写给管理者的 6 个锦囊》里曾提出一个幸福的公式：幸福 = 社会价值排序 × 自我认知 × 健康。

其中，社会价值排序指的是金字塔结构的社会阶层，从人类进化角度来看，社会阶层越高，其社会价值排序就越靠前，越靠前其掌握的社会资源就越多，当危机来临时，其活下去的可能性就越大。总结一句话就是，需要一定的物质基础作为在社会生存的支撑。钱不是万能的，但没有钱是万万不能的。

自我认知则包括如何看清这个世界。前面第四章我们谈到过人类的知识看起来好像有千万种，但是这些知识所反映的关系却只有四种：类别关系、因果关系、美丑关系和利害关系。而类别关系、因果关系就属于逻辑知识范畴；美丑关系、利害关系属于认知提升范畴。

健康则无须多言，社会价值排序和自我认知是多少的问题，而健康则是 0 和 1 的问题，没有健康就等于没有了一切。

——最大多数人的最大幸福——

英国作家边沁于 1780 年著了《道德与立法原理导论》。在这本书中，他第一次明确论述“功利主义”的原则，他这样看待人类的本质，那就是避免苦痛，寻求快乐。所以，对人类而言，所谓的正确，只有增加快乐。因此他提出了一种名为“幸福计算”的方法，为了增加快乐而进行计算，这个数值越大就越正确。

2. 幸福的一种最佳组合

前面说健康是 0 和 1 的问题，我们就假设并祝愿读者们的健康是 1，另外假设社会价值排序及自我认知分值为 1~10 分，满分是 10 分。这样就可以做道简单的算术题。

按照公式计算，幸福的最高分就是 100 分（=10×10×1），人人都想着一生的人生体验幸福分可以是 100 分。不过人生不如意十有八之九，有时人不能太贪心，得了千钱想万钱，人世间疾苦那么多，要得到 90~100 分的幸福得分几乎是不可能的事情，能得到 60 分已经是非常难得的幸运儿。

问题来了，你如何在社会价值排序（财富、地位、名望等）和自我认知（使命、人际关系、人文修养、精力管理等）这两个维度分配分数，努力使自己的人生体验幸福分达到 60 分？

不同人的人生体验幸福分答案可能会不一样。

有些人的社会价值排序只有 2~3 分，自我认知也是 2~3 分，总分不超过 10 分，几乎是浑浑噩噩地走完这一生；有些人的社会价值排序只有 5~6 分，自我认知也是 5~6 分，或者社会价值排序 7~8 分，自我认知却只有 2~3 分，总分大体在 20~30 分之间，离 60 分的人生体验幸福分还有好长一段距离。要知道想要得到社会价值排序 7~8 分，本身就是一件好难好难的事。

那如何尽可能接近 60 分的人生体验幸福值？

有没有可能是这样一个选择：社会价值排序有基本的保障（5~6 分），努力让自我认知达到（8~9）分，这样就好像可以接近 60 分的人生体验幸福值。

对，这就是幸福的一种最佳组合：健康第一（1 分）、自我认知其次（8~9 分）、社会价值排序再次之（5~6 分）。

具体来说，就是在健康的前提下，保持一定的物质基础后，人生体验幸福值主要靠自我认知带来，即精神层面的富足来提高人生体验幸福值。

——人世三宝说——

西周是日本明治时代重要的哲学家、启蒙思想家。也被誉为“日本近代哲学之父”。许多心理学的日语学名及学理学的日语术语，例如，“意思”“知觉”“感觉”“直觉”“概念”“抽象”“理性”“悟性”等，都是经他拟定的。

西周认为：人生的目的就在于追求幸福，快乐而无痛苦。那要如何才能达到幸福？他提出，“健康”“知识”“富有”是人生的“三宝”，得此三宝，人生便获得了最大幸福，而阻止人们幸福的则是“疾病”“愚痴”“贫乏”。

3. 如何实现这种最佳组合

第一，把健康放在首位（1分）。

热爱财富、热爱事业、热爱家人，请从热爱自己的健康开始。生命中的第一要务是自己的身体健康，这件事的优先级绝对高于自我认知、社会价值排序里边的一切，包括工作、家庭、身边的人等。

健康的核心是自律，而不是医疗：充足规律的睡眠、低糖低脂低盐的合理饮食、每天适当的运动、放空自己的正念和冥想、保持积极正面的情绪等。

第二，努力提高自我认知（达到8~9分）。

奥地利籍哲学家路德维希·维特根斯坦曾说：“我们想象的边界即世界的边界。”

我们的成长道路上有五大“影响师”，它们分别是父母、成长路上身边的人、老师、书籍、各种广告。正是这些“影响师”让每个人形成今天对世界的认知，因为昨天的“看见”形成了我们的信念，过去的经历造就了我们的经验，而这些认知在指导着日常的行为。

每个人都活在一个“圈”里，这个圈就是自己的思维和认知。人们都被它牢牢地禁锢其中，目光所到之处皆是围墙，这就是所谓的认知“牢笼”。世界上有很多假象，都是我们心生的妄念。人生的痛苦，除了疾病和生理带来的身体痛苦外，其他的痛苦都是人的观念（执念）导致的。人有时不是被事情困住，而是被对事情的看法所困住，也就是被自己的认知所困住。

认知层次低的人，活在自己狭小的世界里，往往容易钻牛角尖，看到的只是自己的一亩三分地；认知层次高的人，越容易理解别人的看法，就好比站在山顶的人，可以理解站在山脚下的人看到的风景。

而且自我认知会决定社会价值排序。要知道，一个人所赚的每一分钱，都是对这个世界认知的转化，所亏的每一分钱，都是因为对这个世界的认知不够了解。一个人永远赚不到超出认知范围之外的钱，除非靠运气。但靠运气赚到的钱，最后往往又会凭实力亏掉。

幸福的自我认知包括：明确人生的意义、不被世俗的定义所遮蔽、经营好家庭港湾、心灵成长、自省与反思、相关领域的“道”、各种常识 / 模型和逻辑等。

提高自我认知，认清人生真正的意义，然后把全部注意力专注到自己要做的事情上，此时你就会对生存以及要做的事情之外的物质无动于衷，此时你的内心丰盈，从而达到另一层面的心灵自由。此时的你大约就可以体会到诗人陶渊明“采菊东篱下，悠然见南山”的那种抛却尘俗、向往自然、洒脱平静的精神状态，这才是人生真正的奢侈品。

爱德华 · L. 德西在《内在动机》中亦有同样的观点：希望每个人都能实现心灵的自由，幸福最终来自心灵的解放。

第三，稳定的社会价值排序（5~6 分）。

这里我们先回答本章第二节里的一个问题：为什么我们从小到大，都很在意别人如何看待自己，努力让自己活在别人的定义、评价、议论和看法里。

原因非常简单。从进化角度来看，在漫长的人类进化过程中，旁边人的选择（从众）是一种安全、可靠而且最低能量消耗的有效选择，同时人类是社会性的动物，有寻求归属感的这种需求，在意别人也顺应“别人有我也应该有”的心理。

社会价值排序包括财富、地名、名望，其背后的底层逻辑就是金钱。人们在社会生存是需要一定的物质基础支撑的。在生活中，钱不是最重要的，但是生活中很多最重要的事常常会因钱而变得更加容易，对于保持人生四个角色的平衡十分重要。

之所以说要有稳定的社会价值排序（5~6分），是因为当一个人解决了最基本的衣食住行这些生活保障后，其选择的自由度就会变大。

一个人之所以可以对周围一切的人、事物都不在乎，不在乎他人的评价和眼光，不在乎自己是否有存在感，不在乎他人的成就，显得很有松弛感，那是因为他有一定的物质保障。如前面所说，从进化的角度来说，人的安全感往往来源于确定性，只有稳定的社会价值排序，才不用担心未来的不确定性。

《纳瓦尔宝典：财富与幸福指南》里对退休有一个特别的定义：退休就是不再为了想象中的明天而牺牲今天。其背后的潜台词就是有了一定的物质保障后，就不用为明天而焦虑。

有能力购买更大的房子、更精致的餐食、更华丽的衣物，获得更高的地位、更大的权力（7~9分），这是一件美妙的事情。不过要想实现这些，一方面社会价值排序越往上就像金字塔顶尖一样机会越少，实现社会价值排序更高的位置需要天时、地利、人和等各种条件和因素，本身就是一件可遇不可求的事情；另一方面更靠前的社会价值排序需要具备相应的能力要求，但每个人的能力是不同的，只有自己能力范围内的事情才是可控的，当更大的需求和欲望无法与自己的能力、才华、精力匹配时，那将是痛苦的来源（求而不得）。

——微软CEO的薪酬——

据媒体报道：随着微软公司努力增强其在人工智能（AI）工具领域的强大地位，CEO萨蒂亚·纳德拉在2024年获得了价值7 910万美元的总薪酬，比上一年高63%，约90%的薪酬来自微软股票。这是他自2014年成为微软第三任CEO获得8 400万美元薪酬以来，金额最高的一年。

不过萨蒂亚·纳德拉配得上这些薪酬，在纳德拉的领导下，微软的市值从2014年2月4日的3020亿美元飙升到2024年2月4日的3.12万亿美元，超过了苹果、Google 和 Meta 等竞争对手，成为美国最大的上市公司。而在同一时期，标普 500 指数仅增长了 185%，这使得微软成为过去十年中美国表现最好的大盘股之一。

今天，对大部分普通人来说光是维持 5~6 分的社会价值排序，本身就是一件非常不容易的事情。网络上就有人戏言：当一个人还完房贷，从房贷压力中解脱时，他会有一种找到真正自我的感觉，此刻余生只要平安喜乐就好。

如何实现稳定的社会价值排序（5~6 分），以下是四条小贴士：

（1）读书仍是绝大部分人改变社会价值排序的唯一机会。

（2）走上社会后，快速找到自己的生存缝隙，然后集中力量（包括时间、精力、物力、财力）孜孜不倦地聚焦、击穿，最好能做到一米宽、万米深，这是一个人在社会上的安身立命之本。过程中不断夯实生存缝隙的两个基石：一个是自我认知高度；另一个是逻辑知识。尽量让自己由体力赚钱到手艺赚钱，如果有机会靠复制商品赚钱，则你的社会价值排序可以较容易达到 5~6 分。

努力提高自己的价值，这永远比赚钱更重要，因为你的价值高了是“钱找人”，而赚钱是“人找钱”。关于如何赚钱，第三章第一节我们谈到绝大多数人的几种赚钱模式，如图 6-5 所示。

图 6-5 社会上赚钱的三种主要方式

大家均可以想想如何赚钱，找到自己的社会价值排序。

（3）努力存钱。随时随地要有一笔钱可以应对突如其来的人生变故，而不会让自己捉襟见肘，无法应对、不知所措。《左传》中说：“居安思危，思则有备，有备无患。”人生如棋，月满则亏，物盛则衰，懂得思危，时刻保持警惕，才能居安。

给自己做一次财务上的梳理，看看每个月中开销最大的前三名都是什么类别，在后续的生活中，着重留意缩减这部分的比重。无论你的薪资多少，有没有贷款负债，请务必存钱，坚持存钱。

（4）生活的智慧是知足，而不是无尽的欲望。欲望是人性中最根本、最原始的能量，正是因为有各种欲望，人类才会不断进取、不断奋斗、不断创新。从某种意义来说，个人的成长和发展就是依靠欲望来推动的。然而，当个体的能力、才华、精力无法匹配无尽的欲望时，望而不得的烦恼也就接踵而至。

如前所说，人生体验的幸福值更多是从精神层面（自我认知）的富足获得，因为从物质层面获得高分的人生体验幸福值可能性小，即使满分也只有10分。况且从认知层面“破相”后，实际上物质层面带来的幸福感受不会太大。《增广贤文》里曰：“良田万顷，日食一升；大厦千间，夜眠八尺。”在物质层面把期望值降低，满足感就会上升。简单可口的饭菜、大方保暖的衣物、虽小但干净整洁的房子、温馨和睦的家人，这些简约的生活模式，都不会让你的人生体验幸福值降低。

当然，物质层面的期望值降低并不代表低品质生活，而是知道如何把钱用到需要用的地方，比如开着普通的汽车，但一定要拥有你能支付得起的最好的房子。

人生的本质本就是一切体验的集合，人这辈子追求的是人生体验幸福值的最大化，而不是“比别人幸福”。每个人无须向任何人证明自己是怎样的人，人来到这世上只有一个任务，那就是让自己的人生体验幸福值最大化。

幸福是一种选择，人世间每个人都有追求自己人生体验幸福值的方式与权利，然后无怨无悔地生活，尽情地欢乐，平静地痛苦。

诸君一起加油！

六、生命的重生：人生点滴与感悟

除掉睡眠，人的一辈子只有一万多天。人与人的不同在于：你是真的活了一万多天，还是仅仅生活了一天，却重复了一万多次。

——费尔南多 · 佩索阿

1. 努力让人生体验幸福值最高

上一节，我们谈到人生的使命就是让努力让人生体验幸福值最高，而不是“比别人幸福”。人生如果一定要比的话，不是比别人多有钱，也不是比别人位置高，而是比在人生的四千个周里，活得有多么的不一样。

生命只有一次，那就好好在人世间体验一场吧。

第一，完全接纳自己。

人生只是一场体验，不是用来演绎完美的，要允许自己出错，允许事与愿违，接纳无常，慢慢接受自己身上那些晦暗的部分，原谅自己的迟钝和某方面的平庸以及犯过的错误。然后清楚知道自己的天赋、强项以及使命，懂得自己的欲望、需求以及生存之道，明白自己的缺点和局限，带着缺憾拼命绽放，不纠结、不后悔，这是与自己达成和解的唯一办法。

圣人原谅别人，智者原谅自己。大器晚成也好，永远到不了山顶也罢，只要过程是真诚且快乐的，便没什么大不了——这世界本就该允许普通人的存在。

露易丝 · 海在《生命的重建》里说：“这么多年，你一直在批评自己，可也没什么效果；试着认可自己，看看会发生什么。”

第二，聚焦当下，拒绝内耗。

除了当下，一切都不存在。人生如同一辆驶向死亡的列车，除了生死，再大的磨难都只是擦伤。除了极个别者，99% 的人不会记得你是谁。在这世上，个体真的渺小到微不足道，与其凡事较真，不如尽人事后顺其自然——活在当下，体验世间的酸甜苦辣，享受活着的每分每秒。保持当下愉悦的秘诀：无所谓、爱谁谁、没必要、不至于。

第三，选择自己的方式，用行动实践使命。

明白人生的使命就是选择自己的方式让人生体验幸福值最高，该吃饭时就好好吃饭，该睡觉时就好好睡觉，该运动时就好好运动，该放空自己时就好好放空自己，该聚焦精力深耕自己的生存缝隙就好好深耕：始终如一、日积月累、精耕细作、孜孜不倦、日复一日、刻意练习，直到量变到质变，最后开枝散叶、枝繁叶茂。世界上最幸运的事就是：你可以做自己，有人为你做自己买单。

年轻时多花时间在自己的专业领域，学会做加法，丰富自己的阅历和内涵；中年时平衡好不同角色的关系，逐渐做减法，减去浮躁和世故；老年时则看淡人生、少管闲事。

人一简单就快乐，一复杂就痛苦，痛苦的人内心杂草丛生，无一成树。智者把复杂分化成无数个简单，一念生起，所向披靡。智慧是知道下一步该做什么，技巧是知道怎么做，而美德就是身体力行。想多了，全是问题，做多了，全是答案。

疾风知劲草、严霜识贞木。我们往往高估一年的变化，而低估十年的成就。世界上最容易的事就是坚持，最难的事也是坚持。说它容易，是因为只要愿意做，人人都能做到。说它难，是因为真正能做到的终究是少数人。

2. 生命的重生

记得以前看过一位作家的书籍，上面提到：人的一生，有两个生日。一个是自己诞生的日子，一个是真正明白自己人生意义的日子。第二个日子可以称之为生命的重生，大约是觉醒和大彻大悟的意思。不经过生命重生的过程，是一个不完整的人生。

罗曼·罗兰在《约翰·克里斯多夫》说，“有些人二十岁就死了，等到八十岁才被埋葬。”

生命的重生，是一个人在不断地摔打、磨炼中，持续打开思维的边界（“牢笼”），不再拘泥自己过去的认知局限；能以一种“破圈”的状态重新审视自己和世界时，便会生出一种发自内心的恍然大悟和醍醐灌顶——很多事情就此豁然开朗，就像拨开乌云见天日，刹那间看透万物的真谛和人生的真相，有一种脱胎换骨的感觉。

这和乔布斯在斯坦福大学演讲的意思差不多：你的生命非常有限，所以，不要浪费在重复他人的生活上；不要被教条束缚，不要被他人喧嚣的声音掩盖你的内心；你要有勇气，听从你心灵和直觉的指示，你的内心知道你想要成为什么样子的人，其他事情都是次要的。

获得生命的重生，明白生命的意义（身体健康、内心丰盈、生活保障），除了不断扩大和提高自己认知外，另外还有一把利器，那就是学会“斩断”一些关系或物品。

第一，“斩断”过去那些已经不属于你的东西。

“记忆里最怀念的味道，依旧是儿时的那碗面”——其实不是那碗面真的多难得，只是相关的记忆早被大脑悄悄重构、反复加工。你念着的，说到底是小时候那份纯粹的温暖；某种意义上，它更像被情感晕染过的“念想”，而非原原本本的真实。

过去经历的人和事：错过的人、事业的受挫、伤害过你的人等，每个人都会有那么几段黯淡无光的日子，无须一直耿耿于怀。既往不咎，我们不能改变过去，但能改变我们对于过去的看法。

人生的上半场，是给自己贴标签，用社会的条条框框把自己固定成型，成为一名合格的社会人，完成社会赋予你的角色和任务。

人生的下半场，要给自己撕标签，“斩断”过去的已经不属于自己的东西，向内寻找，让人生体验幸福值最高，活得从容而强大。

第二，“斩断”自己就是那个幸运儿的幻想。

——有趣的真相——

人想要的多数东西，其实理论上都是可以得到的，之所以人们得不到，是因为“既要、又要”，举例说：

人想要赚钱，其实机会很多，但既要赚钱，又要无风险，又要舒服，又要立竿见影，还要人推动，那就有点过了。

女人想嫁个有钱人，理论上是有机会的，但既要有钱，又要年轻，还要帅，还要高，还要一婚，那就有点过了。

同理，男人想找个女神，理论上还是有的，但既要美貌，又要身材好，还要学历高，还要工作稳定，还要家境好，还要脾气好，还要勤俭节约，那就有点过了。

同理，买一套市中心的房子，其实是可以做到的，但既要市中心，又要楼龄新，还要有电梯，还要面积大，那就有点过了。

结论：人们亲手编造了一个个囚笼，然后把自己困在了里面。

“斩断”自己就是那个幸运儿的幻想：又要得高位置，又要事少钱多离家近。世上哪有那么多美妙的事留给你？不要总想自己就是那个幸运儿。

第三，“斩断”对他人的期望。

一个人最大的清醒就是不要把希望寄托在他人的身上，靠山山会倒，靠人人会跑。

成长路上，我们为人际资源奔波。然而随着年龄的增长，你会发现重要的人越来越少，但留下的越来越重要。重要又在意你的人，就那么几个，这几个人，就是你全部的世界。

季羡林在《悲喜自渡》中有一句话：“人间万千光景，苦乐喜忧，跌撞起伏，除了自己，他人爱莫能助。”

第四，“斩断”对他人的崇拜和附会。

年轻时，对大人物、厉害的人崇拜不已，觉得他们能和自己讲句话，都是自己莫大的荣幸。那个时候，我曾对一名姓“易”的成功学讲师特别崇拜，还追着要签名、求合影。

现在回想，那样的经历就当成好玩有趣吧。其实每个人都不过尔尔，都有七情六欲，都有不为人知的困扰，都有自己的喜怒哀愁。而且，他即使有钱也不会给你，有资源也不会轻易介绍给你，何必卑微奉承、崇拜附会呢？

把世俗的标准当准绳、把别人的眼光当作行为的最高标准、把别人的恭维当成人生的最高奖赏，这就是认知层级较低的体现。今天许多人之所以活得那么累，心里很容易产生挫折和焦虑，往往就是还迷失和淹没在社会的各种欲望中。

每个人都有自己的节奏，无须活成别人期待的样子。一个人成熟的标志，就是发现别人的行为以及对自己的评价，跟自己毫无关系。

每一天都在为自己而活的人，不会让外人的评价打扰自己，不再会为他人的错误埋单，也不会随时让他人闯入自己的生命。

第五，“斩断”存在感。

每个人成长过程中都有欲望，都想成为人群的中心，都想成为焦点。这种渴望证明和表现自己的能力和重要性的欲望应该是与生俱来的。其实，我们不用通过获得周围人的赞赏和理解来寻求安慰。

当你找到自己在这个社会立足的本领时（生存缝隙），做自己即可。

只不过在这段时间里，你需要独自穿过一段黑暗森林，需要靠煎熬，甚至忍受各种委屈，但凡你穿过了，你就会看穿人性，并看透人世间的冷暖。此时你就可以做到缘起性空皆无常，放下自在生妙有。甚至可以小楼一夜听春雨，虚窗整日看秋山。

人生本就是孤独的，孤独于智者是财富，于愚者是痛苦。当一个人能享受孤独的时光——发呆、思考、读书时，此时的他既似完全置身于世外，又可以自在融入世间；出现时如如不动，离开时轻松自如。这般状态下，他人无从评判，也无从攻击，只因他已如“大象无形”般无懈可击。

璀璨烟火，只是年轻时晒在朋友圈里的生活；漫漫长夜踽踽独行，才是生命重生者的现实生活。

第六，保持自律。

饮食是人类赖以生存的基础。在人类进化缺衣少食的阶段，人活着就是为了获取这些基本的能量，所以需要尽可能多地获取更多的食物。今天已很少人还处在三餐不饱，食不果腹的阶段了，但 DNA 里的基因记忆还在。

迈开腿、管住嘴，生活不会辜负任何一个自律的人。

捷克前总统兼思想家哈维尔有一句名言："病人比健康人更懂得什么是健康，承认人有许多虚假意义的人，更能寻找人生的信念。"

生命的重生，这个过程其实是一件特别艰难的事情，我们必须正视自己内心与生俱来的各种欲望，打破自己原有的闭环，甚至会经历很多次，重生才有可能发生。

汪国真《热爱生命》中有段话笔者特别喜欢：我不去想是否能够成功，既然选择了远方，便只顾风雨兼程，只要热爱生命，一切都在意料之中。

"无人扶我青云志，我自踏雪至山巅。倘若命中无此运，孤身亦可登昆仑。"生命就像江河，无论多么曲折和蜿蜒，最终目的地都是要奔赴大海！

后　记

在写完第二本书后，本来想停歇一阵子，没想到人生中总会有这样那样的变化，于是我一鼓作气地用五年时间把这套“管理者锦囊”系列都写了，现在回头看看，一切都是最好的安排。

曾有朋友问我连续写三本书累不累，说实话其实一点也不累，就是多花些时间而已。书不是写出来的，其实是过去自己工作心得的体会和积累。只不过年轻时的我比较勤快，那时想为什么不把一些自己专业领域（生存缝隙）以及人生体悟的“好词好句好段”“心得感受”记录下来呢，于是二十几年前就开始做笔记，日积月累，到现在我的电脑里有一个文件夹保存了近 10 GB 的资料文件，全是 PPT 格式，分门别类，那个时候无意中就用到了“康奈尔笔记法”。

“我问青山何日老，青山问我何时来。我见众山皆草木，唯有见你是青山。”

这套书算是我人生使命的一个重要组成部分：人生求不了什么大名声，而是去体验这个世界，并且在某个领域有自己独特的见解足矣。网络上有一句名言：好看的皮囊千篇一律，有趣的灵魂万里挑一。我期望自己的这一生是有趣的灵魂。为者常成，行者常至，小说《飘》最后有一句话：“明天又是一天。”

感谢家人，特别是妻子小丹，帮我把后方安顿好，可以让我埋头于书房里。感谢还坐在轮椅上的妈妈，这辈子慈母的恩情永记心头。

感谢这套书的策划及责任编辑巨凤女士，这五年的合作愉悦一路相随。

最后用我特别喜欢的清代文学家袁枚的一首诗《苔》来表达自己这套小书的心迹：

白日不到处，

青春恰自来。

苔花如米小，

也学牡丹开。

2025 年 7 月 1 日于厦门